U0712447

红颜才妆

系列

秦淮八艳

柳如是

姜越 · 编著

群言出版社
QUNYAN PRESS

·北京·

图书在版编目（CIP）数据

秦淮八艳——柳如是／姜越编著. —北京：群言
出版社，2017.1（2020.8 重印）
　（红颜才女系列）
ISBN 978－7－80256－813－6

Ⅰ.①秦… Ⅱ.①姜… Ⅲ.①柳如是（1618～1664）
－传记 Ⅳ.①K828.5

中国版本图书馆 CIP 数据核字（2015）第 173150 号

责任编辑：李　群
封面设计：侯　泰

出版发行：群言出版社
地　　址：北京市东城区东厂胡同北巷 1 号（100006）
网　　址：www. qypublish. com
自营网店：http://qycbs. shop. kongfz. com（孔夫子旧书网）
　　　　　http://www. qypublish. com（群言出版社官网）
电子信箱：qunyancbs@ 126. com
联系电话：010－65267783 65263836
经　　销：全国新华书店

印　　刷：北京晨旭印刷厂
版　　次：2017 年 1 月第 1 版　　2020 年 8 月第 2 次印刷
开　　本：640mm×960mm　　1/16
印　　张：14. 5
字　　数：230 千字
书　　号：ISBN 978－7－80256－813－6
定　　价：38.00 元

【版权所有，侵权必究】

如有印装质量问题，请与本社发行部联系调换，电话：010－65263836

前　言

　　柳如是是秦淮八艳之首，一个不被世俗所羁的奇女子。她生于清贫之家，长于明清易代之际，为人放荡不羁，才华绝代。她，敢爱，敢恨，敢死；能书，能画，能诗。因为她，那个时代的所有男人都黯然失色。300年后，一代国学大师陈寅恪在读过她的诗词后，"亦有瞠目结舌"之感，晚年更是不惜以目盲腿膑之躯，不惮辛苦，积十年之功，口述而由助手黄萱女士笔录成《柳如是别传》一书，皇皇八十余万言，曲幽旨远，诚为蘼芜君的异代知己。

　　拨开厚厚的历史尘埃，一代名妓柳如是穿越三百年历史时空，向我们款款走来。明末清初，历史剧变，她，一个出身低微的弱女子，却表现出不同凡响的民族气节和侠女气魄。夫君降清，她力劝其殉节，并慨然投池以保名节，其壮举足以让那些卖身求荣者汗颜。她不忍异族人欺辱，甘冒杀头之祸，暗中支持、参与反清复明活动。她一生追求人格的独立和地位的平等，最终因为夫君的离去，一切都化为泡影。面对族人的欺凌，她愤然以三尺白绫结束自己的生命，用死捍卫了自己的尊严和人格，终年才46岁。真实的柳如是有说不尽的美丽，有道不完的哀愁……

　　柳如是个性坚强，正直聪慧，魄力奇伟，声名不亚于李香君、卞玉京和顾眉生。因读辛弃疾词："我见青山多妩媚，料青山见我应如是"，故自号如是；后又称"河东君""蘼芜君"。也被世人称为"风骨嶙峋

柳如是"。就文学和艺术才华，她可以称为"秦淮八艳"之首。书画也负名气，她的画娴熟简约，清丽有致；书法深得后人赞赏，称其为"铁腕怀银钩，曾将妙踪收"。

柳如是的美丽来自她俏丽的形象，来自她敢爱敢恨的性格，自由不拘、蔑视礼法的思想，来自她不同凡响的才艺，源于她崇高的民族气节。她的美丽灿烂得让人惊艳。柳如是的哀愁源于她坎坷的人生、卑微的地位和悲剧性的命运，源于她个人得不到世俗的容纳，源于她的诉求、抱负、理想不能实现的痛苦。她的命运和遭遇让人扼腕。

本书按时间的维度为我们还原这个传奇女子不同寻常的一生。本书将柳如是的诗文与经历巧妙交织在一起，通过那温婉雅致的文字娓娓道来，让我们透过这些清新温润的文字，去聆听柳如是与她的爱人们之间那些缱绻旖旎的风月往事，去品味那些渗透于三百多载诗文间的悲喜情怀，去感受那个嘴角带着一丝倔强笑意的女子的才情与炽爱，去追忆那段在秦淮河畔画舫凌波的桨声中吟诗挥墨、抚琴舞袖的旧时光。

由于时间仓促，笔者水平有限，书中错漏缺点在所难免，恳请读者批评指正。希望本书可以让广大读者从中学到知识，开阔视野，全面细致地了解历史人物的传奇人生。

前言 ·· 001

第一章　逢少年，人生似浮萍流转

她是才女与美女的叠加，她一生经历坎坷，名字多次变迁。名号的演变记录了她前半生的人生轨迹。她的童年和少年充满了不幸。小小年纪就备尝人世艰辛……本章写了柳如是在生命最青涩时节的漂浮生活。

初入宰相府，沦为婢女 ····················· 002

才婧涩，不谙世事 ························· 009

命运弄人，备尝艰辛 ····················· 045

第二章　入风尘，家家团扇写风流

明末清初之际，风云突变，王朝更迭，南京秦淮河边虽说照旧是歌舞升平，繁华热闹，但无形中也多了一股慷慨凄怆。而柳如是却不幸地沦为了这风尘中的歌妓。

命运捉弄，沦落风尘 ····················· 082

风尘女结交黄衫豪客 ····················· 085

缘起风流女弟子 ························· 092

第三章　初尝爱，无言的结局

明清之际，云间文学繁盛，得力于九峰三泖"江山之助"，还有那柔波弦歌的"裙屐遗韵"。然而，纵使佳话争传，各有风流，但亦有幕

幕难了的悲剧上演。宋征舆和柳如是，一个是著姓望族的翩翩公子，一个是飘零无依的风尘佳人，他们的感情或许从开始就注定是一场无言的结局。

邂逅眉公宴 …………………………………………… 100

情定白龙潭 …………………………………………… 103

斩琴绝恩义 …………………………………………… 105

背后的男人——宋征舆 ……………………………… 108

第四章 兄"弟"恋，只是有缘无分

柳如是平时喜欢"幅巾弓鞋，着男子服"，同文人名士交往时，常自称为"弟"。然而，她与陈子龙这段悱恻缠绵的爱情故事，一开始就注定了要以悲剧收场。他们之间的感情不管多深，也只能被放浪不羁的士大夫们看作才子佳人之间的一段风流佳话。

人生长恨水长东 ……………………………………… 112

抵抗驱逐令的勇气 …………………………………… 121

心中的"男洛神" …………………………………… 133

幸福难求亦是短暂 …………………………………… 145

人何在，离去也 ……………………………………… 172

第五章 忘年恋，爱深情更切

他们的爱情故事颇具争议，一个是朝廷大员，一个是江淮名妓，然而两人不顾家族的强烈反对，结为夫妇。他们的姻缘，不同于一般的儿女情长。

一首诗词，结识名妓 ·························· 194

一片痴情，恩爱绛云楼 ·························· 199

一池清水，几度思量 ·························· 201

官场失意，重返绛云楼 ·························· 203

钱氏家难，奇女香消玉殒 ·························· 206

背后的男人——钱谦益 ·························· 208

后　记 ································· 217

目
录

第一章

逢少年，人生似浮萍流转

她是才女与美女的叠加，她一生经历坎坷，名字多次变迁。名号的演变记录了她前半生的人生轨迹。她的童年和少年充满了不幸。小小年纪就备尝人世艰辛……本章写了柳如是在生命最青涩时节的漂浮生活。

初入宰相府，沦为婢女

初夏的午后，柳如是习完了字，佛娘说："到后院花畦中摘两枝石竹花来，我教你画画。"不料阿奶正跟邻家的阿奶坐在花架下闲聊。

"……一匹光耗草料不肯拉车的马，还不如把她卖掉的好！"那声音很低。

她顿然紧张起来，把谁卖掉？她躲到水阁花窗下，竖起耳朵听着。

"难啦！她六岁到我家，为我挣下了这份家业。我又没儿没女，卖掉嘛，总有点于心不忍。唉！谁知她突然鬼迷心窍，决心要从那个人！"

"我们这种人家，讲不得忍不忍的。两年没给你拉套了，白吃饭，还怕对不起她？"

阿奶迟迟没有回答。

"怎么不吱声？我可是为了你好啊！听不听还得由你！"那声音有点怏怏不快。

"现在还有她徐佛这块金字招牌挂着，卖掉了，徐家的门庭不就冷落了!"

"哎呀!看你这个木头脑瓜!那个小女不是快出落了?下半年就可以物色个有名气的相公来当你的'孙女婿'。那时就由不得她了!你这门上不又火红起来了!"

"下半年?就怕早了点,那孩子还没到破瓜之年呢!"

"你呀,真是木讷!刚打苞的花朵儿,相公们才肯花本钱。宜早不宜迟,我家的女儿不是十二岁就接客吗!请的是吴江周相公,听说后来还做过宰相呢!"

花架那边沉默了,柳如是咬牙切齿,恨不能跳出去把那个出馊主意的老鸨撕碎!她刚伸手攀上花窗,就看见阿奶重重地点了下头说:"老姐姐说的也是!"

柳如是吓得魂飞魄散,身子不由得往下一滑,僵立在墙根。

让她也做烟花女!她仿佛突然间坠入了冰的深渊,浑身冷得抖个不停。假若她不代佛娘去见客,她们就不会生出这个念头吧?当时,她一心只想为佛娘解围,成全她和公子的心愿。她已学会了佛娘的技艺,唯有她才能把佛娘从困境里解脱出来,这是她义不容辞的事。不曾想到……她宁可终身为仆,宁愿去死,也不愿干这个行当!她是公子买给佛娘的丫头,她是婢女,不是妓女!怎么办?只有马上将这个阴谋告知佛娘,让佛娘想个主意。她悄悄离开水阁的花窗,飞也似的奔进佛娘房里。突然间,她又惶惑了。

此举不仅关系到她,更严重的是关系到佛娘。她抬头看了佛娘一眼,佛娘双颊清瘦,眼睑灰暗,公子久无音讯,痛苦像影子一样纠缠着她。她那纤弱的身体，再也承受不了新的苦难。柳如是暗暗发狠：决不能让她们卖掉佛娘！佛娘深爱着公子，他们有盟誓为约，得帮助她，成全她的幸福！倏然间，她眼前出现了一纸文告。

终慕桥头老柳树上，贴着吴江周相府选购婢女的告示。

十岁至十三岁，未曾婚配。聪明、活泼、貌美，善招老太太欢心……

这纸文告，突然给她心中带来了一束微弱的光亮。倘若她能被周府挑中，不仅她可以在一个正派人家当侍婢，不致沦落为烟花。她走了，阿奶也就会打消卖掉佛娘的念头。这也算报答了佛娘为她葬母之恩和收留她之德了。她克制着内心的慌乱，把嘴凑到佛娘耳边，悄声说："阿奶在，不敢摘花。"就离开佛娘，跑走了。

她果然被周府挑中了。

她们排成一行站在周老夫人的面前。

周老夫人对炳嫂抬了下眼皮，威严地说："炳嫂，祖宗传下的家规礼节都教给她们了吗？"

"回老夫人，奴婢已将祖宗立下的家训家规和不守家法的利害都向她们一一作了交代。"

老夫人没有说话，只轻轻点了下头，就逐个审视起这些新来的小丫头。

老夫人的目光挪到了她的身上。

柳如是穿的是相府发给她的第一套新衣，藕色的上衣更衬托出她肤色的白净娇嫩，有如一枝含苞待放的带露红杏，娇小的身材，使她浑身都溢透出活泼机灵和敏捷。在这一溜儿的女孩子中，给人一种鹤立鸡群之感。

美丽动人的女孩子，不仅老爷、公子喜欢，老夫人同样喜爱。一直板着面孔的老夫人脸上出现了一丝不易觉察的笑容，就好像冲不出云层的阳光，能感觉出它的亮度，却看不见它耀目的光针。

老夫人向柳如是抬了下手，示意她走近前。她立刻机灵地走到老太太面前跪了下去："给老夫人请安！"

老夫人向她抬了下手说："起来！"她款款站起身，微笑着立在老夫人跟前。

老夫人再次审视了她一会儿，说："你留下吧！"又转身向炳嫂，"炳嫂辛苦了，教得不错。传话给夫人，让她赏赐你。"

"是！"炳嫂应着。

柳如是牢记着炳嫂的教导，再次跪下说："谢老夫人。"

"几岁啦？"

"十三。"

"起来吧，你叫什么名字？"

"柳如是。"

老夫人那白皙得近乎半透明的面孔，没有一丝表情。几颗褐色的大小不等的寿斑，散落在她那松弛的失去了弹性的腮颊间上。

一路风尘来到了宰相府，她只惊得目瞪口呆，天下竟然有这样豪华的府邸，这卷棚雕梁的大房子、红砖灰瓦的高墙，和皇宫能差几分！

柳如是由老太太带着坐了软轿进了三重院落，最后拐进一个院子里。柳如是搀扶着老太太下了软轿，她细细地打量着这个小院。院子不大，却显得安静舒适。墙外几株老槐树虬枝如冠，一半荫了院子，一半荫了回廊。东、西、南、北的房子都有穿廊，红漆圆柱，廊檐上彩绘鲜艳。院内青砖铺地，院子的四角都种植了四棵树，两棵柿树，两棵海棠，可能讲究事事平安的寓意。太太对柳如是说："这就是我的院子，人老了越发喜欢平静的生活了，以后你就跟了我，不能让别人抢走。"

柳如是想问一声别人是谁，但没敢问出口。搀扶着老太太进了正堂，迎面是一个玉石的花鸟屏风。一尺多高的珊瑚树和陶瓷瓶子，摆放在屏风两边。进了里屋更是琳琅满目，宝石花、玉如意、唐三彩，浅绿色的纱帐如蝉翼一样透明，猩红毡子上绣着一个大大的福字。一个清雅漂亮的大丫头迎了上来，扶着老太太坐下。几个小丫头搬进了圆桌后摆上茶水与糕点，老太太用手捏了一个南瓜饼对柳如是说："你尝尝这个，咱们府里的厨子从宫里的御膳房里偷偷学回来的，甜软香酥，你肯定没有吃过。"

早有小丫头端来半铜盆温水，让隐儿洗手。隐儿洗了手，又有一个小丫头递上一条毛巾，柳如是擦了擦手接过老太太递来的点心，刚要品尝，只见那个俏丽的大丫头说："几房姨太太、奶奶、小姐们听说老太太回来了，都在外面等着请安呢，我回了她们说老太太刚刚回来，茶也没喝一口。"老太太说："你和她们说，让她们晚饭以后再进来吧，我车马劳顿，有些困乏。"

大丫头刚要出去，看到太太身边的柳如是问老太太："老太太，这位小姐是咱们家的亲戚吗？"老太太说："和你一样，都是伺候我的，我厚着老脸和你们老姨太太要来的。"柳如是放下手中的糕点起身作揖，叫了声姐姐。老太太说："你吃你的不用和她这样客气，她叫水秀，跟了我十多年了，是丫头中的人尖，以后你们就是姐妹了。"

水秀笑嘻嘻地说："老太太抬举我了，这才是我们宰相府里拔尖的丫头，这脸蛋、这身材，哪里是人呀，简直是天仙。"水燕进来对水秀说："外面的奶奶、太太、姨太太们等你的回话呢。"水秀笑着说："我只顾看美人，误了大事了，我现在就回她们去，让她们吃过晚饭过来。"

吃完糕点老太太对水秀、水燕说："把咱们院子里的丫头们都叫来。"不一会儿，丫头们黑压压地进来一片。老太太对柳如是说："四个大丫头水秀、水燕、水合、水玉，剩下这些没留头的小丫头子们还没赐名，只有小三、小幺地乱叫，还有就是凤嬷嬷和云嬷嬷，她们是我的陪房，平时不过来，只等过节或出门的时候才过来陪我。"

深夜了，老太太躺在软榻上打了个哈欠对水秀说："你和柳如是睡在我屋里，水燕和水玉睡在外屋，水合到正堂去，夜里起来插香方便。这些小丫头都到厢房里睡，你给我听着，别让她们半夜打架哭啼。"

水秀说："是，老太太，只管放心，这么多年了，大一些的丫头都懂规矩，小一些的慢慢就学会了。"

老太太说："我走了两天一夜，府里没出别的事吧?"

水秀把屋里的小丫头们喝退说："没大的事情发生，老爷每日按时上朝，昨夜里六姨太太的一个丫头跑了，大家也没去找，都思量着一个小丫头说不定跑出府去混玩得忘记了回家，谁知道今天在后花园的坞梨塘内发现了她的尸体，我让贾总管带人装了个箱子，从后院抬到府外埋了。"

老太太说："你也忒大胆了，人命关天，就这样草草了事，万一是谁害她，把她推到池子里呢？"

水秀说："我想这也不是一件光彩的事，一个十来岁的小丫头谁去害她呢？说不准在玩水的时候失足跌进池塘。"

老太太说："那也不行，你和账房说管园子的人这个月扣了月钱，他们是干啥的？园子里出了这么大的事，责任都在他们头上。还有六姨太太，她难道连自己房里几个丫头都不知道吗？只懂得整天搽脂抹粉地打扮，丢了人不赶紧找，草菅人命吗？你就说我说了，从今以后六姨太太屋里不准再添人了。"

水秀说："这都是小事，老太太也犯不着一进门就生气。"

老太太问："什么事是大事？在这些太太、姨太太们眼里，相互争宠、相互拆台才是大事？"

柳如是在一边听了，心中暗暗害怕，天下乌鸦一般黑，做丫鬟的命就是贱，遇个好主子，少挨打骂，遇到黑心主子，说要命就能要了命，今后可得步步留心，一入豪门深似海，一点不假，尤其是自己万不可被人抓了把柄。

一个小丫头进来说："老太太，老爷下朝回府了。"

老太太立即让丫头们给自己穿了大衣裳，来到厅堂，小丫头们齐刷刷站成左右两排。柳如是有些慌乱不知道该站在哪里才合适。老太太说："你就和水秀四个人站在我的身边吧。"工夫不大，一个身穿麒麟长袍、头戴宰相帽翅五十多岁的老头走进了厅堂。小丫头放下垫子，老头给老太太跪下来请了晚安。

才婧涩，不谙世事

老爷起来坐到老太太右边的高椅上，水秀端了茶正要送上去，老太太对水秀说：让柳如是给老爷献茶去，小孩子家让她多学些规矩。柳如是接了茶碗款款走到老爷身边，低声说："请老爷用茶。"

周道登一愣，看着这个素雅恬静、自带风流的小丫头问老太太：这是新进府的丫头吗，看着怎么这样眼生？

老太太说："是我和你表姨妈用四个丫头换来的，你看看这个丫头的头脸身段，不进我们宰相府就可惜了。"

周道登说："母亲果然有眼力，这丫头确实不错，如果生在官宦之家，宫里选秀也能进去。"

老太太说："可惜出身寒门，听你姨妈说她是郎中的女儿，书、琴、诗、画、棋样样精通，况且又比从人伢子手里买来的干净。"

柳如是轻轻弯了弯杨柳腰说："谢谢宰相大人的夸赞，奴婢承受不起。"

周道登说："今后就叫老爷，出了门才是宰相。"

柳如是退下后，老太太又问了一些朝中的事情，老爷一一作答。老太太最后又提醒了一句："别怪娘我多嘴，伴君如伴虎，儿要千万小心。"周道登说："母亲提醒得极对，儿子我牢记了。"

老太太说："你换衣裳去吃饭吧。"周道登起身告退。两排站立着的小丫头齐声说："恭送老爷。"

水秀问老太太："婆子们摆好饭了，在西厢房，老太太过去吧，今日让哪位姨太太来陪饭？"

老太太说："让大奶奶过来吧。"

水秀传话出去，水燕、水合扶着老太太来到西厢房。只见一个十八九岁的女子，头戴双翅凤簪，身披锦纱长衫，立在西厢房门口迎接老太太。老太太被簇拥着进了西厢房对隐儿说："这是我大孙子媳妇，名叫宏雨，你以后就叫大奶奶吧。"

柳如是拜过大奶奶，水秀等四个大丫头早把菜摆上桌了，老太太只喝了半碗大麦粥吃了几口笋片，就放下筷子了。大奶奶也只吃了一点儿，起身告辞了。

老太太说："有几个热炒菜我们也没动，你们四个还有柳如是快端到南屋去吃吧，可别浪费了，一条兔子腿就要一个兔子的命呢。"

水秀让小丫头们把饭菜撤到南屋后，扶老太太回了正屋，然后带着水燕、水合、水玉、柳如是来南屋吃饭。柳如是发现这些大丫头们吃饭都没有响声儿，喝汤也是如蜻蜓点水一般。单单从长相和举止来看，柳如是知道老太太的这四个丫头是精心调教过的。

吃完饭水秀说："我和柳如是到老太太那里，你们两个指使小丫头们把西屋和南屋收拾干净，别让她们毛手毛脚地砸了家具、打碎了盘碗。"

水合说："姐姐只管放心，这里就交给我们吧。"

水秀带着柳如是来到老太太屋里，小丫头们摆好十几张小茶几，老太太斜歪在软榻上。不一会儿一个小丫头进来说："太太、姨太太、奶奶、小姐们进院子里了。"

老太太说："让她们进来吧。"

几个小丫头打起帘子，只听一阵首饰相撞的叮咚声，一群美艳女子迈着碎步款款进来，大家跪成一片齐声问老太太晚安。

老太太说："起来，都坐下喝茶吧。"

这群女眷慢慢起身各自坐到自己的位子上。周道登的太太坐在老太太的下手，依次坐了两排。太太五十多岁，已经人老珠黄了，没法和八个姨太太相比了。老太太问太太："看园子的是什么人？"

太太说："是二妹妹的表哥和六妹妹的伯伯。"

老太太说："不管是谁，这个月的月钱全扣了，好端端的一个丫头怎么能跌进水池淹死，他们看园子的都是死人吗？大家都不作声。"

二姨太太替她表哥说话，便解释说："我听说因这个死了的小丫头不听话，六妹妹打了她两下，她就赌气跳水了。"

六姨太太说："根本没有的事，发现她不在了，我还一直在找她，谁知她死了。"

老太太问六姨太太："那你打了她没有？"

六姨太太说："没打，只是吓唬了她几句。"

老太太说："从今后，你身边不许再添丫头了，免得让你吓唬死。"

六姨太太说："别人身边都三四个丫头，就我身边两个，现在死了一个。"

太太厉声喝道："你和谁说话呢？和我们还是和老太太？不看看自己的身份，还想使四个丫头，老太太这里还有二十多个呢，你比得起吗？"

六姨太太不敢说了。

老太太说："咱们这一大家子，就倚仗着老爷生活，所以我由着他娶了一个又一个，没想到个个不是善茬儿，不安心伺候好老爷，争着抢着相互攀比，太太是个善人，总是对你们睁一只眼闭一只眼的，以后谁的屋里要是生事吵嘴打架，我就让人伢子来带走卖到窑子里去。"

大家一声不吭，老太太说："太太、三姨太太、大奶奶都出生于名门望族，哪里像你们几个姨太太，倚仗着老爷疼你们，什么事不敢干？"

太太说："老太太也别生气，我会下去打点好的。"老太太又问了一些外面亲戚们婚丧嫁娶的事情，大家都散了。

等这群貌美如花色彩斑斓的女子翩翩散尽，水秀几个大丫头给老太太脱了衣裳，卸下头上的簪子。老太太一直摸着水秀的手说："真是好孩子，伺候我十来年了，没有一丝差错，我把柳如是带来就是让你调教，你要用心把她调教成第二个你，你就去吧。"

水秀身子猛的一颤，在老太太身边跪下说："奴婢从小来到府中，老太太对我恩重如山，我已经下了决心，只伺候老太太，一生都不嫁。"

老太太看着水秀，一声长叹说："你起来，如果我真的对你有恩，你就应该报恩了，老爷身边的一伙姨太太都是些绣花枕头，除了太太，没有一个用心服侍老爷的，老爷年纪又大了，做什么样的大官也好，总得有个知冷知热的人好生伺候着，再等一些日子你就做了九姨太太吧。"

柳如是画像

水秀哭了，对着老太太说："奴婢也不隐瞒老太太，宰相府中的七个姨太太哪个不是尖牙利嘴的，我做了九姨太太，哪里是她们的对手。"

老太太丢开水秀的手说："自古嫦娥爱少年，难道你是嫌弃老爷老了？"

水秀不作声，还在流泪。小丫头们递过一沓细纸让水秀擦眼泪，水秀也不擦。老太太说："起来吧，你也别哭了，不愿意服侍老爷，我也没有逼着你过去，我不过是不放心老爷的身体罢了，你是一个细心人，好生服侍老爷些日子，说一句不吉利的话，老爷要是伸腿一走，这个家

第一章　逢少年，人生似浮萍流转

就全垮台了，朝中多少大臣都嫉妒着我们家的好日子。"

水秀抱住老太太的双腿哭着说："老太太放心，奴婢过些日子就过去服侍老爷，愿老爷万寿。"老太太摆摆手让小丫头们把水秀搀扶起来。隐儿给老太太铺床，老太太喝了几口清水睡下了。

柳如是和水燕忙着放下帐子，打发小丫头们下去以后，放下镜套各自睡去。

柳如是和水秀一起睡在老太太床榻边的软榻上。水秀的身子一直在颤抖，可能还在哭。柳如是想劝她几句，可又怕惊动了老太太。黑暗中柳如是抓住水秀的手，握得紧紧的。水秀翻身过来，把满是泪水的脸贴在柳如是脸上。俩人几乎屏住呼吸，柳如是听到老太太的帐子里有响动，忙下了地掀开帐子问："老太太是不是要小解？"

老太太说："只是想用苦丁茶漱漱嘴。"柳如是洗手泡茶，水秀也下了地拿来痰盂。老太太咕噜咕噜漱了几口，吐到痰盂里。柳如是正要放下帘子，老太太说："床大着呢，你也上来睡吧，软榻上睡俩人是有点挤。"柳如是爬上老太太的床，滚进老太太怀里。水秀放下帐子，在香炉里放了两块沉香，也睡了。

第二天一大早，老太太醒了。她抚摸着柳如是的头发，很慈爱地看着柳如是。柳如是睁开眼抓住老太太的手问："老太太夜里睡得好吗？"

老太太把她拽进怀里说："太好了，摸着你光洁的身子，好像回到了没出阁的时候，我和我的表妹睡在一起。"

水秀听到帐子内柳如是和老太太说话，也起来了，开门招呼水燕一伙进来伺候。柳如是下了床，只穿着内衣短衫过来和小丫头们一起伺候老太太穿衣裳、挽帐子。

水秀拿了鸡蛋对柳如是说："这些都是小丫头们干的，我们也让她们伺候，我先给你梳头吧。"柳如是侧目扫了一眼水秀，看她除了眼肿，还是以前的老样子。柳如是接过头绳和鸡蛋说："姐姐，我自己来洗吧，我会梳，你去老太太跟前伺候老太太吧。"

水秀说："你水合姐姐专给老太太梳妆的，她在皇宫里学过，你水燕姐姐是老太太眼前得宠的大丫头，以后尊着她些，不要在她面前和我过于亲热，我虽是宰相府中的总管丫头，到底不去随意惹她。"

柳如是很快梳完头，早有小丫头端来温热的洗脸水。柳如是对水秀说："到底是宰相府的丫头，跟了体面主子，比一般官宦人家的千金小姐还要金贵。"

水秀说："那可就是，你要一直这样让老太太疼下去，连太太、奶奶、小姐们都会让你三分，更别说那些姨太太们了，我们伺候老太太的几个大丫头连正眼都没瞅过她们。"

柳如是说："所以你不愿意做姨太太。"

水秀在柳如是的额头用手指点了一下说："真是个小鬼头，以前我还怀疑你在宰相府难待下去，现在我放了一半心了，我不是不想服侍老爷，是真的舍不得老太太。"

柳如是说："姐姐不要太难过了，就是过老爷那边你也是老爷的专宠，别的姨太太看了只有伤心的份儿，又有老太太给你撑腰，她们谁都不敢和你作对。"

水秀说："既然事情已经成了定局，我只有等待日子了，我走了以后你要用心服侍老太太，我知道老太太让我过去是不得已的，你看那几个姨太太，没有一个正派家庭出生的，不是宫里退下的宫女，就是戏子粉头一类的，她们受惯了苦，现在只要体面快活的日子，哪里用心服侍老爷。"

柳如是听了水秀的话，突然想哭，她对水秀说："姐姐真是识大体、顾大局的人呀！"

水秀说："井里的蛤蟆还爱井，跟了老太太多年了，确实舍不得离开这个院子。"

水合过来说："老太太已经梳洗完毕，让你俩进屋去呢。"

水秀挽着柳如是的手，双双进入老太太的屋里，老太太头上插一支琉璃彩簪，越发变得精神饱满。老太太对柳如是说："多和你姐姐学着，她是个没坏心的人。"

柳如是端了茶递给老太太说："做下人的，千方百计伺候好主子就行了，谁还敢起歹心害主子。"

老太太接过茶碗说："坏心肠的丫鬟多着呢！我父亲给我陪嫁来一个丫头叫玉香，开始我见她乖巧听话便让老太爷收了房，谁知这一下就变了，开始和我顶嘴，后来打跟我的丫头，水秀也被她打过。我也无法，毕竟她也是半个主子，老太爷去世后，她的势头才渐渐下去了，不过我也没难为她，我住东院，让她住了西院，她也不太出来。丫头反过来欺压主子的多着呢。"

柳如是说："老太太人好心善，要是换了别人，玉香还能活命？"

老太太说："少做恶事就算为自己积阴德吧。"

柳如是说："老太太真是经霜的甘蔗老来甜，越来越让我佩服了。"

水秀和水玉准备好早点，让老太太去吃，老太太吃了早饭又穿好大衣裳坐在厅堂里，老爷进来拜完老太太上朝去了。柳如是对水秀说："越是人家大了礼仪越多，老爷每天上朝前向老太太请早安，下朝后又来请晚安，这样老太太一天换好几次衣裳。"

水秀说："光换衣服也够老太太受累的了，所以老太太屋里搁了20多个丫头。"

旁边一个小丫头插嘴说："马上不知马下苦，为了老爷来请早安，我们半夜就起来打扫厅堂，插花的插花、换纱的换纱、点香炉的点香炉，累得腰腿疼。"

水秀喝道："这里有你说话的份儿吗？自己不拿镜子照照，配给老太太端茶递水吗？你天生就是干粗活儿的料。"

水合上去给了那个小丫头一个嘴巴，对水秀说："姐姐有耐心和她讲理，在我跟前她们大气也不敢出。"

小丫头被水合打哭了，水秀推她出去对水合说："以后尽量不要打这些小丫头，都怪可怜的。"

水合说："活该她挨打，不打不听话。"

柳如是问水秀："厅堂里挂着那么高的纱每天都要换吗？"

水秀说："是要天天换，初一是粉色的，初二是蓝色的，赶上老太爷的忌日是黑色的，赶上有喜事时是红色的。"

柳如是说："挂得那么高，这些小丫头能够得着吗？"

水秀说："有梯子。"

柳如是说："做老太太屋里的小丫头也不容易，万一从梯子上摔下来还能活吗？"

水秀说："这也不是没有的事，去年有个叫四环的小丫头就摔死了。干这个活儿要非常小心，当时老太太想破了这个规矩，可老爷还是要坚持，说这是祖上传下来的，不能随便改掉。"

老太太对水玉说："你把柳如是带到园子里和太太房里走动走动，让她熟悉一下府里各个屋子的人。"水玉答应了一声带着柳如是各处走了走，当走到西院的时候，从院子里走出一个白发苍苍的老女人，她看着水玉问："你这有事没事的到处闲逛什么？"

水玉看也没看她就走过去了。

老女人说："看把你狂的，不就跟了老太太了吗？跟了我骨头早打断你三根了。"

柳如是问水玉："姐姐，这个老妇人是谁，你不招惹她，她怎么还出口伤你？"

水玉说："她是老太太陪嫁过来的丫头叫玉香，老太爷死了，失宠了，就成这个样子了，全府上下谁都没人理她。"

柳如是觉得这个叫玉香的老女人挺可怜的，除了孤独，还保持着往日的骄傲。走了半日，还没走完府里的一半儿，柳如是见水玉累了，便说："姐姐，我们要不回去吧，改日再逛也是一样的。"

两人回了东院，老太太见柳如是出了一身汗，便说："我正好想洗澡，柳如是来陪我洗吧，洗洗你身上的汗味。"水秀打发小丫头们烧水、拿大毛巾。柳如是跟着老太太进了耳房，池子中也倒满了水，十几个小丫头半裸着上身立在池边上等待着伺候。水玉为老太太解带脱衣，卸下头上的发簪。老太太先下了池子，池水中漂荡着盛开的茉莉，一股清香使柳如是半醉半醒。

一个小丫头过来对柳如是说："我为姑娘解带脱衣。"柳如是伸开双臂，小丫头们把柳如是扒了个精光，连头发也散开了。柳如是散着丝履一步一步走进水池，她的长发如柔软的丝绸，滑过修长的腰肢。老太太坐在池中泡着，柳如是慢慢走过来，挨着老太太坐下。

老太太说："柳如是你真美。"

柳如是笑了笑说："老太太，您夸奖了。"

老太太说："我年轻的时候和你一样有着修长的身子和飘荡的秀发，可惜转眼就老了。"

柳如是说："我也会老的，人都一样。"

老太太看着含笑的柳如是说："你很美，我喜欢美的女孩儿，你的美让这漂浮在水面上的茉莉花都黯然失色。这世间，又有什么比美人的含笑更让人沉醉的呢？有了你，我开心了许多。"

柳如是抚摸老太太光滑的背说："如果没有相遇，我不知道让刘夫人折磨成什么样子了，这辈子，我永不嫁人，我要陪着老太太。"

老太太闭着双眼说："那假如我死了呢？"

柳如是说："我剃头当姑子去每天念经超度老太太的灵魂。"老太太说："如果没有你，我也许会在孤寂中死去。"

柳如是说："不，老太太的身边不是还有水秀姐姐和那么多丫鬟伺候着吗。"

老太太说："她们和你不一样，你好似我骨肉相连的女儿一样，让我心痛、让我怜悯。"

水渐渐有一些冷了，老太太摆了摆手让几个小丫头下来扶着她走了出去，她对柳如是说："你不怕凉再泡一会儿。"柳如是独自坐在水中，她舍不得离开这香味四溢而又柔软的水，轻声问自己："我是个有福气的人，还是一个不幸的人？"

岸上侍立的丫鬟说："姑娘，水凉了吧？小心冷了身子。"

柳如是从水中站起来走出池子。几个小丫头过来擦身子的擦身子，拢头发的拢头发。水秀拿来一身新衣说："老太太吩咐过的，让你洗完澡换新衣裳。"水秀亲自为柳如是穿了衣裳，柳如是说："泡在水中的感觉真舒服。"

水秀让小丫头们去收拾水池，她挽着柳如是的手说："老太太真疼你，我跟了她老人家十多年也没有在一起洗过一次澡。"

柳如是说："幸福来得太快了，如梦一样，我自己也不敢相信。"

下午摆饭的时候是太太过来陪吃的，老媳妇了，不显得那样拘谨，太太边吃边和老太太聊着："西院的老姨太太该管教她一下了，今天我听人说连老太太身边的水玉也骂了，亏了水玉人品高贵，没有和她计较，这骂老太太身边的大丫头就等于骂老太太呢！"

水玉在一边说："也没怎么骂，只是说了几句，她都成那个样子了，我们当奴才的，也不和她计较了。"

老太太说："不是计较与不计较的事，她只骂水玉，骂柳如是了没有？"

柳如是说："没有。"

老太太说："没骂就好，我想老太爷疼了她一场，老太爷没了，我来治她，这难免让人们觉得我报复她了，何况她又是我娘家陪嫁时带过来的人。"

太太夹了口菜放到嘴里，边嚼边说："老太太也考虑得太多了，把她赶出府是正经。"

老太太说："这可不行，一来让人笑话，二来咱们良心上也过不去的，她和咱们比就像青蛙与玉兔，有天地之别，何苦和她去计较，让她作死作活地胡闹吧。"

太太说："每日细米白面养那么一个主儿。"

老太太说："别给她身边搁丫头，让她一个在西院待着该送水送水该送饭送饭，她死了，老太爷的灵魂也不得安生的。"太太没再说话，老太太接着说："不是你这个长房媳妇说话不管用，是我这个老糊涂太爱管闲事了。"

太太说："老太太别这样说，我不过和老太太商量一下，怕水玉姑娘心里难受。"

老太太说："我不想让她死还有一个原因，就是给府里的姨太太做幌子，要不她们一下就乱了，明的不说，暗里也觉得做姨太太的下场不好。"这一句话正中水秀的心，如晴天一声霹雳，她脸色刷一下就白了起来。她自己非常明白做姨太太的下场，可眼前就是火坑，自己跳也得跳，不跳还得跳。

柳如是问她："姐姐脸色那么难看，是不是病了？"

水秀说："没事。"

柳如是明白水秀的心思，做姨太太的一旦失宠，比一棵荒草还要轻贱。

柳如是这样受宠的日子慢悠悠地过了半年，这半年中老太太一刻也离不开柳如是，就是出门串亲、进宫叩访娘娘都带着她。柳如是的日子一时盛极。宰相府中上上下下的人都知道老太太身边有个绝色的宠婢叫柳如是。水秀四个大丫头虽然心中有些嫉恨，但表面上从没表示出一点的蛛丝马迹。

过了八月十五，老太太把老爷独自叫到身边，老爷穿着家常衣裳，没有一丝宰相大人的威风，真是人靠装束，马靠鞍鞯。老爷直奔老太太的卧房，老太太让水秀给老爷倒了茶，老太太说："柳如是留下伺候，你们都出去逛逛，我和老爷有话说。"

水秀几个出来到园子里玩去了。

老爷问老太太："母亲，这样急地唤儿过来，是不是有大事商议？"老太太说："这事说大也大，说小也小，我看你这两年来越发见老，想把水秀这丫头添到你的房里。古人说：阴阳互补，男人衰老得慢，让水秀给你身上添加些活力。"

老爷说："母亲这番好意让儿受宠若惊，论姿色才情水秀可是一流的，老太太怎能舍得赏了我做姨太太？"

老太太说："儿呀，娘就因为有你这个当官的儿子才被圣上封了诰命，娘有什么宝贝都舍得给你，不过你要好生对待水秀这个丫头，我知道你的秉性，吃了甜的抛了咸的，你要今生一直对她好下去。"

周宰相说："娘亲一万个放心，水秀不同于前几个姨太太，她们哪有水秀的涵养与风姿，老太太什么时候要我们圆房？"

老太太说："我前几天让贾总管出去看了一下日子，说八月十九圆房最好，你让太太张罗着，八月十九抬上轿子过来娶人就行了。"周道登趴在地上给老太太叩头，再三谢过老太太的仁慈之心。

老爷走后，水秀就回来了，其实她已经猜出八九分。老太太笑盈盈地对她说："今后不用你伺候我了，让小丫头伺候你吧。"

水秀说："老太太又拿奴婢开玩笑了。"

老太太说："我是认真的，你从我们院子里挑上两个头脸整齐一点儿的，赐了名，将来好伺候你。"

水秀跪下说："奴婢身上的每根头发都是老太太的，要怎样老太太看着办吧。"

老太太说："这个月十九你就和老爷圆房吧，我从今以后不叫你水秀了，该叫九姨太太了。"

丫头们一阵哄笑连声叫九姨太太。水秀羞得脸色通红，直骂丫头们："老太太拿我开玩笑，你们就胡闹起来了。"正在这时，太太带着两个丫头过来了，笑着说："老太太屋里人气就是旺，看看我们院子，住着二三十个人硬是老死不相往来。"

老太太赐了座，水秀上了茶。老太太说："那能怨谁，都不怨你，你一副菩萨模样，也不管管她们，让她们姐妹间和睦些，家和万事兴嘛。"

太太说："我也没法管，到了发月钱的时候一个比一个积极，都是见钱就手痒，气死我了。"

老太太说："你也不能太动气了，自己的身子要紧，我看你这个夏天一过，神色越发不好，是不是有病了，如果有病那可得及时让太医瞧瞧。"

太太说："我巴不得一口气上不来死去了才省心。"

老太太喝道："你说这些丧气话有什么用，给我听呢？"

太太勉强地笑了笑说："也不是冲着老太太说的，这几个姨太太们够闹腾了。"

老太太说："你嫌闹腾就不行了？老爷不可能你一个人伺候吧？我还要把水秀嫁过去呢。"

太太喝了口茶说："我也正是为此事而来的，老爷刚和我说了，我就过来了，让丫头们带水秀去库房里挑选些料子做铺盖和衣裳。"

水秀在一边说："太太猜度着去做吧，我什么都行。"

太太说："老爷娶的是老太太面前的大红人，我们怎敢怠慢，到时候受了委屈来老太太面前撒个娇，我吃不了兜着走呢。"大家都笑了。

老太太说："你忙不过来让宏雨搭把手，自己的儿媳妇不使唤，将来你像我这个年纪了，依靠谁去管家？"

太太说："我没那么大福气，能活到老太太这样喜人的年纪，儿媳妇每天伺候儿子，我也懒得用她。"

老太太说："下半年你身边再买几个丫头，丫头多了好使唤。"

太太说："先放一放，等把九姨太太娶过门了再说。"

八月十九，水秀打扮得花枝招展，蒙上了盖头，被老爷接到前院。

老太太送了她两个小丫头，赐名金锁、银锁。水秀一过门就成了老爷的专宠，老爷夜夜都在水秀的房里。水秀在众姨太太面前还是那样随和绵软，几个姨太太气得跳脚直骂，盼着水秀失宠，而恰恰相反，老爷除了上朝总和水秀在一处。水秀放肆地把铺盖拿到了老爷的书房中，想独霸老爷。

柳如是来到前院，各位姨太太坐在一处做针线，笑成了一片，见柳如是过来了，马上规矩起来。二姨太太边嗑瓜子边问："柳如是姑娘要到哪里？过来和我们坐一会儿吧。"

柳如是问："你们在做针线吗？"

七姨太太说："我给老爷做鞋子，她们各人给各人做荷包呢。"

二姨太太说："就你会卖乖，我们总是给老爷、太太做针线活儿，什么时候宣扬过？"

几个姨太太同声说："就是。"

柳如是说："我去九姨太太屋里看看去。"

二姨太太说："九姨太太不在自己房里，早搬家了，你去老爷的书房找吧。"

柳如是刚走开，二姨太太叹了一口气说："我是圣上赐给老爷的，可老爷宠我没到一个月就又添老三了，我这辈子真命苦，连个儿女也没有，就这样一条路走到黑了。"

三姨太太说："我受宠也不到一年，有了女儿后，老爷连正眼也没看过我，我娘家世代是宫里的买办，按说我也系出名门的，多少达官贵人求婚父亲不答应，为了讨好老爷，他老人家把我送礼了。"

大家你一言我一语地倒着满肚子的苦水。忽然太太的门帘动了一下，所有的声音戛然而止，太太从门里出来，抬头看了看热辣辣的太阳，又看了看坐成一片的姨太太们。她没吱声，不在老太太面前，她是很少呵斥这些姨太太们的。

二姨太太说："大姐过来坐坐。"

太太说："你们坐着吧，只是别太吵了，我正在屋里算账，被你们一吵，我算不对了。"

四姨太太问："太太，咱们这个月的月钱什么时候发？上个月的早花光了，不早发几天，接不上了。"

太太没有搭理她，返身进屋了。

二姨太太冲着四姨太太悄悄撇了撇嘴说："活该，自讨没脸。"

四姨太太说："那也比你强，嘴头子上像抹了蜜似的，左一个大姐，右一个大姐，叫得我们都起鸡皮疙瘩。"

二姨太太说："咱们散了吧，老爷该下朝了，别总往人家眼里钻。"

三姨太太说："想钻也钻不进去了，什么时候水秀那个妖精死了，我们就有希望了。"

五姨太太说："盼她死，早着呢，又有老太太那边的丫头孝顺地今天送鸡明天送点心，养得比老太太都悠闲。"

三姨太太说："我的丫头芯儿昨天看见水秀那个贱货爬在老爷身上揪老爷的胡子，老爷疼得直咧嘴。"

二姨太太说："老爷惯得她越发没王法了，等有了好机会，我们联手收拾她。"

六姨太太说："哪有那个胆量，我们对付人家一个，都是拿着鸡毛试火，这年头不愁吃穿就算了，我看透了，我死了一个丫头身边只剩一个了，谁都不替我出口气再要一个来。"大家都不说话了，过了一会儿散了，几个小丫头出来打扫地上的瓜子皮。

柳如是来到老爷的书房，只见九姨太太端坐在桌案前握着毛笔写字，金锁和银锁俩人一个扇扇子，一个研墨。

柳如是说："我来看九姨太太了。"

水秀放下毛笔站起身边迎接边说："你不在老太太屋里服侍老太太，怎么出来闲逛。"

柳如是看着水秀，发现她丰润饱满了许多，脸面上荡漾着无尽的得意，看来她婚后的日子还挺不错。她的两个丫头也穿戴得很齐备。柳如是说："老太太睡着了，有几个姐姐守着呢，我趁这个空当出来看看你。"

水秀说："老爷让我搬到他的书房里了，我每天除了等老爷回府，就是练习写字。"

柳如是看着毛笔就手痒，她拿起笔来就写：

> 垂杨小院绣帘东，莺阁残枝蝶趁风。
>
> 大抵西冷寒食路，桃花得气美人中。

水秀拿柳如是的字和自己的字一比，羞愧万分。水秀问柳如是："没看出来你还会写字？"

柳如是说：“会写字又怎么样，每日只配给老太太端茶递水。”

水秀说：“你知足吧，这个府里多少人想给老太太端茶递水都轮不上份儿。”

柳如是从书架上取下一本厚厚的《史记》对水秀说：“九姨太太，你和老爷说说这本书借给我看几天，不会弄坏的。”

水秀说：“这就为难我了，今天老爷回来我和他说，明天你打发小丫头子过来取就行了。”柳如是发现水秀已经没有以前的那股调皮热情劲儿了，又说了几句闲话就回了后院的东跨院。

水玉见柳如是进来说：“老太太还没醒呢。”柳如是轻声进去，慢慢掀起帐幔，见老太太睡得正香。出来觉得无聊，水合和水燕在趴着下棋。柳如是看了一会儿又来到后院。几个老男人正在修剪树枝，见柳如是进来连忙躲了起来。柳如是独自在园子里看了一会儿花又来到水池边看鱼。她蹲在水池边，水池中的水面上漂着三四片圆圆的嫩叶，碧绿得似乎不是人间的色彩，让人怀疑是仙女下凡沐浴时遗忘的手帕。飞燕从水面掠过，呢喃着它的歌，仿佛是永久的天籁。

柳如是想到前些日子六姨太太的丫头掉进这个水池淹死了，只觉得头皮一阵发麻，刚要转身走，一只大手从她的后背伸了过来抓着她的衣襟把她推到水里。柳如是只觉得水无孔不入地钻进了自己的七窍，她用力扑腾着，尖着嗓子喊了几声救命，就沉下去了。

躲在一边修剪花枝的几个男人听见有人叫救命便飞跑到池塘边，只见一丝头发漂在水面上，几个男人下去把已经背过气的柳如是救上来，忙跑着禀告老太太。老太太刚睡醒来，正要唤柳如是，看见一个小丫头上气不接下气地跑进来说："不好了，柳如是姑娘跌进水池里了。"

老太太连外衣都没来得及穿，扶着水玉匆匆进了园子，只见柳如是头朝下垂在桥栏上，嘴里不住地往外流水。老太太扑上去，叫了几声，柳如是也不答应，老太太打发二门外的小子去传太医。几个看园子的趴在地上，一个劲儿给老太太磕头。水燕拿来老太太的大衣裳为老太太穿上，几个小丫头扛了圆顶子伞给老太太撑着。

太太一干人也匆匆赶来。老太太问趴着磕头的几个男人："柳如是是怎么掉下去的？"

几个男人说："我们不知道，柳如是姑娘进了园子，我们见人家一个姑娘家的，老远就避开了，后来听到救命声，我们才跑过来。"

老太太说："柳如是如果死了，你们一个也别想活着，这个水池我也填平它。"

太太对老太太说："老太太千万别着急，或许有救的。"

老太太又问趴在地上的几个男人："除了柳如是姑娘，还有谁进这院子了？"

一个岁数小一些的说："我看见好像玉香姨老太太进来了，但出了事就不见她的人影了。"大家正在束手无策的时候，太医骑马赶来，跳下马背给老太太行了礼后跑到柳如是面前，把柳如是肚子里的水全挤压出来。

太医对老太太说："姑娘还活着，几个时辰之后就醒了。"

老太太命人把柳如是抬到自己屋里，放在软榻上，由几个小丫头看着。老太太命人把玉香老姨太太带到后院的厅堂里，老姨太太进来以后，老太太挥了挥手，大家都出去了。老太太问她："是你害了柳如是吗？"

玉香抚弄着满头的白发说："你有好事怎么从来不叫我？出了坏事才来问我。"

老太太用颤抖的手指着老姨太太的脸说："你这个人不人鬼不鬼的东西，每天只是整蛊作怪，你就不怕我杀了你。"

老姨太太说："你说对了，说得很对。"说完笑了起来，雕梁上的灰尘被震得纷纷下落。笑完了，她又说："这个丫头太美了，她该死，谁让她是你的专宠呢？"

老太太说："我对你一忍再忍，你不要再逼我了。"

老姨太太说："咱俩有五年零三个月没说话了，今天我真荣幸呀。"

老太太说："我当年没有狠下心来治你，是看在你我同侍一夫的份儿上，你却对我的一个宠婢都狠下杀手。"

老姨太太说："全府上下，都说你是个活菩萨，我是个白骨精，这就是因为你生了儿子，给周家立了功劳，瞧你头上戴的身上穿的，你再看看我头上连一支草根子也没有，衣裳都是粗布做的，我们一样的出身一样地嫁到周府，现在却是天地之差。"

老太太说："你害了我多少次，都没得逞，现在我能给你一碗饭吃就对得起你了，从今后不许你进园子，不许出你的西院，丫鬟婆子们从墙上给你用桶传饭，你爱死爱活，都随你了。"说完老太太推开厅堂门，一线阳光照着老姨太太褴褛的衣裳和满头的白发。

老太太回头看了她一眼，只见老姨太太明净的脸爬满了忧伤，如一张纠结的蜘蛛网，刻画出惘然的皱纹。老太太还是转身走了，她的离去如同一个决断的手势，纯粹干净，转身就是永别。

几个婆子进来挎着老姨太太的胳膊把她拖到西跨院。哐啷一声把门关上，上了锁，只听得老姨太太惨叫连声，婆子们也感到揪心。太太扶着老太太站在墙外，太太说："要是这样每天都鬼哭狼嚎的，叫得人都胆颤，不如放开她，让她走出府去，爱去哪儿去哪儿！"

老太太从鼻子里长长吐出了体内的一缕气说："就让她叫下去吧，这便是她最好的结局。"

水合过来对老太太说："柳如是醒了。"

老太太对大家说："我知道柳如是不会死的，宰相府没有了柳如是就像百花丛中失去了牡丹。"众丫头都低头不语。

柳如是刚刚苏醒，水燕端了一盅姜汤让柳如是喝下去，柳如是接过来把脖子一仰一口气喝干了。然后小丫头子们端了茶来让柳如是漱口。老太太疼爱地看着柳如是说："你这丫头，胆子越发大了，出去也不多带几个小丫头，看这不是出事了。"

柳如是问："老太太，是谁把我推到池子里的？"

老太太说："是一个疯子，已经没事了，你要有个三长两短的，我这老太婆也没法活了。"说着双眼含着泪水，柳如是见到老太太如此疼爱自己，激动得抽泣起来。

水合说："快别哭了，老太太也真是的，改日柳如是嫁了出去，您老人家还能留得住吗？"

柳如是说："上有慧天星辰，下有黑地万物，我柳如是要是嫁人，天地不容，我要跟老太太一辈子。"

老太太说："我都这个年纪了，再活个三年五载的也算大岁数了，我能误你的一生吗？我去了之后，让太太把你找个官宦人家嫁出去。"

柳如是代替了水秀的位置，成了老太太的心腹，这让水合、水燕、水玉三人多少有些不满，她们和水秀最好，只指望着水秀将来能帮她们一把，在府中永远抬头做人。柳如是却半点也没有发现水燕一伙的变化，还一味地、一厢情愿地和人家打成一片。

水玉把小丫头子们叫到一起说："我们比柳如是早进府十来年了，现在她却爬到我们头上了，这不是明摆着抢我们的饭碗。"

水燕说："哪个府中无地盘？我们眼睁睁地把水秀姐姐的位置让给这个小蹄子，不是太便宜她了。"

一个小丫头说："只有姐姐们敢和柳如是姑娘去争，我们要是敢和她斗，不是拿蚂蚱喂老虎吗？"

水合说："她算哪门子姑娘，你听谁封过她做姑娘了？你们不敢和她斗，就远离她，她差你们做事，你们顺水推舟不给她干，老太太拿乌鸦当凤凰，可我们也不比她差到哪里。"一群丫头秘密商议了一番都发了誓，绝不出卖水合等三个大丫头。

柳如是突然觉得变了，水合和水玉多时不来和自己下棋，那些小丫头们见了自己就躲，生怕让她们做事。

一次，柳如是出了院子见一个老妈子蹬着梯子提着桶上了高墙往里边传东西。柳如是问水玉："那个老妈子那是干啥呢？"

水玉轻蔑地看着柳如是说："你也别在我面前装疯卖傻，就是因为你，老姨太太才被关起来的。"

柳如是更觉得糊涂了，说："怎么会是因为我，我从来不在老太太面前说别人的坏话的。"

水玉说："你问问大家，难道我冤枉了你不成？"

柳如是等那个老妈子下去后，慢慢地踩着梯子上了高墙，往下一看，只见老姨太太正用肮脏不堪的黑手抓着桶里的面条吃。当她仰起头看见柳如是时，挥动着双手大喊："你这个狐媚子，没淹死你算你命大，你死了，我让那个老东西心疼，你偏不死。"

柳如是慢慢走下梯子，她明白了，那天将自己推下水的不是别人，正是老姨太太。柳如是的心头特别难受，她本想找个小丫头再打听一下，可小丫头子们见了她，比耗子见了猫都跑得快。柳如是心事重重地来到老爷的书房找水秀。水秀还在练字，金锁还在扇扇子，银锁还站在那里研墨。

见柳如是进来，水秀放下笔，命金锁倒了杯茶。水秀说："你那天写的那首诗太好了，老爷回来直夸你，说朝里内阁大学士也没有几个人能赶上你写的字。"

柳如是也没说话，长长地吐了口气坐下来。水秀说："我问了老爷了，老爷让你把《史记》带到老太太那边看去，还说以后要是想看书自己来拿就好了，不用问他，只是不能弄坏了。"

柳如是还是没精打采的样子。水秀问："你到底怎么了？是不是老太太说你了？这就对了，我当年还被老太太打过呢，我们只要一心向着主子，他们终会看到咱们的忠心。"

柳如是突然抱住水秀哭着说："九姨太太，你知道我落水的事吗？"

水秀赶忙把柳如是扶起来说："我也刚听水玉过来说了一两句，你这不是好端端的没事吗？"

柳如是说："我没事，可老姨太太却有事了，她被关了起来，没人给她梳洗，她像一个动物一般，好可怜。"

水秀说："原来是为了这事，那就更不应该伤心了，前几年老爷要给她穿铁鞋，免得让她全府疯跑，老太太心软，还是阻止了老爷，老太太对老姨太太已经仁至义尽了，只是老姨太太自己不检点，依我说，早该关起来了。"

柳如是说："我刚进府还没一年，老姨太太和我有什么仇，非要整死我不可。"

水秀说："我听说老姨太太和老太太是表姨妹，她们打小就在一起生活，后来又一同嫁给老太爷，老太爷偏爱老姨太太，但周家的规矩是谁生了儿子，谁立为正室夫人，可巧老太太生了老爷，老姨太太越发嫉妒老太太，用砒霜毒老太太，老太太也没死，后来老太爷死了，她俩就成死敌了。"

柳如是说："老太太对我说，玉香老姨太太不过是个陪嫁丫头，怎么会是姨姐妹呢？"

水秀说："咱们姐妹好成这个份儿上，我才告诉你的，你可千万不能乱说，上辈子的恩怨连她们都理不清，家家都有出戏，何况是咱们呢？"

柳如是说："虽是主子以前结下的恩怨，可我心里到底还是不踏实。"

　　俩人又说了几句闲话，老太太屋里的一个小丫头进来说："水合姐姐说了，老太太要做一双新暖靴子，让柳如是姐姐过去描花样子呢！"柳如是起身告退水秀，水秀让金锁拿来《史记》递给柳如是。柳如是刚出书房，只见来叫她的那个小丫头一溜小跑不见踪影。柳如是想："出头的椽子先烂，看来自己不惹事，终究事会自己找上门来的，连这么一个小丫头也敢对自己这样无礼。"柳如是到了老太太的房里，水合和水燕正摆弄着鞋样子，见柳如是抱着本书回来，水燕说："我们都快忙死了，你还有闲心看书，果真是有了撑腰的人，不把我们放在眼里了。"

　　水合说："柳如是，你描花样子，要描得清楚些。"

　　柳如是进了里屋，不见老太太，只有几个小丫头在打络子。

　　柳如是问小丫头们："老太太去哪里了？"

　　一群小丫头没一个吱声的。

　　柳如是说："都哑巴了？"

　　她们还是不吱声。

　　柳如是指着一个小丫头说："我现在就问你，老太太干吗去了？"

　　那个小丫头慌慌张张地瞅了瞅别的丫头说："太太得了急症，老太太带着水玉姐姐看太太去了。"那个小丫头的话还没说完，水合嘭的一掀帘子跑进里屋冲着小丫头就是两个嘴巴，小丫头也不敢大声哭，只是抽咽着。

　　柳如是问水合："姐姐这是什么意思，是因为我问了她话你打她吗？"

水合指桑骂槐地说："不要脸的下贱东西，自己把自己当个宝贝，谁用你多嘴了。"

柳如是气得脸都白了，她护住挨打的小丫头说："既在江湖上，都是薄命人，我们不好好地对待她们就罢了，还打她们。"

水燕也进来了，对柳如是说："让你描花样子你不描，进里屋和小丫头打架了，亏了老太太疼你，真是看错人了。"

柳如是说："你们联合起来对付我是吗？我是为老太太端茶倒水的，那些粗活不是我干的。"

水合说："你算什么东西，今天索性也扯破脸了，该说的我们也总不能憋在肚子里，老太太疼你，你就比天也大了？想欺负到我们姐妹头上，万难。"

柳如是也不和她们争吵，气得独自走到院子里，只听见水合和水燕在屋里一阵乱骂。

老太太回来的时候，神色特别黯淡，柳如是迎了上去，扶着老太太问："老太太去哪里了？"

老太太说："去看太太了，太太一下就患了个肚疼病，老爷也回来了，我看是不太好。"

柳如是问："没让太医院的老太医看看？"

老太太说："看了，可怜太太疼得满地打滚，刚服了两剂药，才消停下来。"

老太太一进屋，丫头们都变乖了。水合递茶过来，老太太看也没看说："放那儿吧。"

水合说："老太太趁着热茶喝一口吧。"

老太太拿起茶碗，刚掀开盖儿，就皱了皱眉头说："把早上的铁观音拿来。"

水合说："茉莉花也是刚泡了一次的。"

老太太将茶碗哗的一声摔在地上，指着水合说："你算什么东西，别以为你们偷偷摸摸干的那些事我不知道，我虽老了，睡着比你醒来还清楚呢。"

水合连忙跪下谢罪，老太太说："免了，看在你伺候我多年的份儿上，你起来吧。"

柳如是命小丫头来收拾地上的茶碗，老太太对柳如是说："我这一生庆幸的事有两件，第一件就是娶了一个好儿媳，辅佐着儿子当了宰相；第二件事就是得了你这个伶俐丫头，你让我苦中求乐地活着，全府上下，没有我操不到的心。你替我多管教这些丫头们，包括那些妖精似的姨太太们。"

柳如是紧握着老太太的手，只觉得老太太的泪滴到自己的手上。这时，云板叩了四声，老太太失声大哭起来，丫鬟们也跟着哭了起来，太太已经死去了。

柳如是穿了一身孝衣，来到太太屋里，只见大少爷和大奶奶哭得死去活来，老爷也是哭得哽哽咽咽。柳如是见太太的全身蒙了白布，直挺挺地躺着，双脚和头的轮廓清晰可见。柳如是点了纸钱恭恭敬敬地给太太磕了头，然后趴在太太遗体上大哭起来。

宏雪过来搀起柳如是说："姑娘能过来我们就感谢了，哭坏了身子，怎么伺候老太太呀。"

柳如是想起太太的温顺、善良不由得又哭起来。太太的葬礼很奢侈，府里的大小孩全身戴孝。请了九九八十一个得道高僧来为她超度，大门、二门、三门都用白纸糊裱，老爷也告了假办理太太的丧事。

太太终于很体面地出殡了，宰相府里的姨太太们却各怀心思，八个姨太太都希望自己立为正室。老太太像换了个人似的，一下又老多了。她想着这个嫁进来四十来年，从来都是对自己服服帖帖的儿媳妇，心痛不堪。再说儿媳妇一死，就断了一门亲戚，儿媳的娘家也是名门望族、朝中的一品官员许进行。老太太每日独自坐在自己屋里，也不大出门，更不大说话。

一天水秀来了，她径直来到老太太的内屋。见老太太半眯着眼睛在软榻上歪着，水秀坐下来等了一个下午，老太太喊柳如是要漱口。水秀也拿了痰盂靠近老太太。老太太漱完口，让柳如是扶着问水秀："老爷这几日缓过一点儿没有？"

水秀说："老太太您放心，老爷这几日很好，今天还和我玩了一会儿骨牌。"

老太太说："太太已经出殡好几天，你应该提醒老爷，该上朝了。"

水秀说："老爷说从明天开始上朝。"老太太说："你今天晚饭别过去了，陪我吃吧"。水秀连忙行礼谢过老太太赐饭。

一会儿金锁过来说："老爷让九姨太太回书屋。"

老太太说："你和老爷说，晚上我留九姨太太吃饭了。"

晚饭照样摆在西厢房里。小丫头们端来盖笼，柳如是、水燕、水合、水玉四人先冷后热依次上了菜。老太太坐在上首，水秀坐在下席。老太太先夹了一只鸽子蛋吃着，水秀只夹了一点凉菜。老太太说："九姨太太，婚后和老爷的生活怎么样？"

水秀说："老爷还是独宠我一个人，几个姐姐可能早有意见了。"

老太太说："这是王府里常有的事，你别在意她们，好歹你以前是我屋里的人。"

水秀说："对着老太太，我也直言了，二姨太太可能想让老爷扶正，昨天去书房里哭诉了一番。"

老太太说："论理她是圣上赐给老爷的婢妾，应该让她做正室，可她未免有些太着急了。"

水秀说："二姨太太在宫里不过是一般的宫女，连答应都没捞上，没有学识的人，无疑是愚昧低俗的人，她怎么能做宰相的夫人。"

老太太喝了半碗莲子羹说："依你看谁最合适？"

水秀说："老爷上了年纪，身边应该有个丰富才学、深厚感情的人照顾，我觉得最不合适的人就是二姨太太，她冷酷空洞，而且……"老太太打断水秀的话说："你不要再说了，轮到谁也轮不到二姨太太。"

吃完饭，老太太回屋后，众女眷去请安。老太太特意看一眼二姨太太，觉得怎么看，怎么都不舒服。大家散了之后，柳如是、水合为老太太卸下簪环，脱去衣裳。水合睡在软榻上，柳如是和老太太睡在帐子中。老太太问柳如是："九姨太太的话，你觉得如何？"

柳如是说："按理说我一个婢女不该妄加言语，可是太太这个位置只要空着，府里就不得安宁，几位姨太太肯定会挖空心思、相互排斥的，争到的威风十足，争不到的伤尽胆汁，难呀！”

老太太说："依我看让三姨太太当最适合，她又有孩子，而且出身也不是低贱人家。"

帐子外，水合静静地听着老太太与柳如是的谈话。柳如是说："三姨太太是聪明些，可是她的性情太轻狂，娘家又有势力，做了太太，别人没好活了。"

老太太说："可悲呀！太太的尸骨未寒，这几个没脸的下作东西已经争红了眼。"

柳如是劝老太太："老太太现在睡觉是正经，天塌大事一梦无，明天咱们再说吧。"

第二天老太太早早地醒了，她没有让人惊动柳如是，带着水合几个到西厢房吃了早饭。柳如是醒来时，帐子已经挽起，窗户都打开了。她伸了伸胳膊看看身边的老太太不在了。她坐起身看着窗外潮湿的黛青屋瓦和大红色的墙。明媚的晨光奢华地泻进了屋里，绿色的藤萝窗被金子一般的阳光浸透，屋里弥漫着浓浓的古典而温馨的味道。几个小丫头在窗前纳花鞋，见柳如是醒了，跑过来伺候柳如是穿衣洗漱。柳如是下了床坐在镜前用纤纤手指细细柔柔地穿过疏松黑亮的发间，她用心梳理着自己的美丽秀发。

小丫头们刚伺候完柳如是，水玉就为柳如是端来了一碗粥和几个小点心。柳如是说："怪了，你今天怎么这样孝顺我？"

水玉笑着说："我们一直都很尊敬姑娘的，姑娘本来就是尊贵人。"

柳如是到外屋的炕桌上吃了早饭，让丫头们收拾了盘碟。柳如是问水玉："老太太呢?"

水玉说："老爷今天上朝,在厅堂里行早安呢。"

柳如是说："我晚了一步别让老太太怪我。"

水玉说："姑娘说到哪里去了,老太太怎么会怪你呢?她老人家还叮嘱我们别惊动你,让你多睡几个时辰。"正说着金锁进来说:"九姨太太请柳如是姑娘过去说话。"柳如是心里明白,肯定是水合早上和水秀通了气,把昨晚自己和老太太的话说出去了。

柳如是和水玉说："一会子老太太回来,你就说我去九姨太太那里了。"

水玉说："你只管去,屋里有我和这群小丫头们呢。"

柳如是随着金锁来到老爷的书屋,水秀迎了出来,她的全身暖洋洋地透出一股熟透了的好味道。柳如是感到现在的水秀春心荡漾,就像庄稼吸足了水分、收藏了丰硕的阳光。水秀绽开了她阳光灿烂、美丽的笑脸说:"柳如是姑娘真是赛天仙呀,一天一个模样,都把我给比老了。"

柳如是开玩笑说："你叫我来是为了和你比美呀?那我该走了。"说着假意要走。水秀把柳如是拉进屋里,让金锁倒了茶,然后打发她和银锁出去了。

两个丫头刚退下,水秀扑通一声跪在柳如是的面前说:"姑娘在这关键时刻和老太太多说说我的好话,我以后做了太太对姑娘报不完的恩情。"

柳如是赶忙把她扶起来说："你不要这样折我的寿了,有话起来慢慢说。"

水秀起来以后，对柳如是说："二姨太太和三姨太太都争抢着讨好老太太的陪房，不知道送了多少银子，想让老太太的陪房替她们说好话，我是一个婢女出身，现在只能靠姑娘来替我出力了，如果我有出头之日，姑娘就是我的恩人，我每日三炷香供着姑娘。"

水秀的话里显然有种迫不及待的虚假性，这信誓旦旦的承诺让柳如是感到惊惧，仿佛后面是个火坑，谁争不上太太的位置，就跌入火坑了。女人与女人之间的对立更是顽强与坚韧。柳如是说："九姨太太不要着急，我们在一起相处这么久，你对我的好我也记着，我现在替你说话，也是天经地义的事。"

水秀再三谢过柳如是。

柳如是离去的路上见到了八姨太太，她的脸死灰死灰的，看来太太的位置是没她的份儿了，所以她显得绝望和萎靡、疲惫。她身边跟着的一个小丫头提醒她说："八姨太太，您看那是柳如是姑娘。"

八姨太太方才从自己萎靡的世界里悟出来，她如风一样跑到柳如是面前说："姑娘去哪里了？有空来我屋里坐坐。"

柳如是说："我只是出来逛逛，没去哪里。"

八姨太太拉住柳如是的胳膊说："我这些年积攒了不少翠珠金簪，姑娘如果喜欢，随便拿去。"

柳如是说："老太太给过我了，我们当丫头的只能戴花，不能戴金簪子，八姨太太自己留着用吧。"八姨太太那种热望不可逆转，翻飞在她的胸膛，令所有的苍白在刹那间变得色彩斑斓。柳如是终于摆脱了八姨太太的纠缠走开了，八姨太太老远还望着柳如是在笑，不过她的笑脸里仍藏着落地成灰的惊扰，她在无望中期盼着奇迹的出现。

柳如是回了老太太的屋里，只见两个陪房真的和老太太坐着说话，柳如是进来问好，她们只是点了点头，见惯不惊，她们不管什么时候都保持着不慌不忙的样子。老太太让柳如是坐在自己身边，柳如是坐下来打量着这两位陪房，经历了无数的寒暑风霜，她们曾经乌黑飘逸的秀发变成了白发，稀稀拉拉地扎在脑后，如同晚秋时节残存的零星庄稼秆和枝叶，苍白、干枯、稀疏。她们俩陪着老太太一起走过枝繁叶茂的青春，她们目睹了发生在老太太身上的大大小小的事情，可谓和老太太同荣辱共患难，淘洗到今天的。

云嬷嬷说："老太太虽然还精明着，可太太一死好比宰相府里断了大梁似的，依着老奴看，二姨太太是最可靠，最适合的人，伺候过圣上，见过的世面比天都大。"云嬷嬷的话还没说完，凤嬷嬷打断她的话反驳说："二姨太太虽好，但我觉得她不怎么聪明，将来做一家之主，恐怕不行，三姨太太倒是很不错。"

老太太摆了摆手说："这个我心里早就有了主意，好长时间咱们没有聚在一起打牌了，记得以前咱们和老姨太太四个人，每天都玩牌逗乐。"水合让小丫头们把方桌挪进屋里，把大奶奶也请来，老太太和两个嬷嬷还有大奶奶一起玩起了牌。老太太是从大风大浪中过来的人，最明白越是乱时越要宁静的妙处，她也是从小媳妇走向成熟、娴适、麻醉、精明。现在是一个毫无锐气的时代，官员多而泛滥，朝廷三年晋升一次，如果周道登没有一个出色的夫人支持，在官场上恐怕晚节不保，这万一有个闪失就全线崩溃了。

　　玩了一会儿，老太太说累了，打发走大奶奶和两个老嬷嬷后传了下去，让三姨太太来陪饭。三姨太太突然接到传话，说让她进去陪饭，高兴得从头到脚换了身新衣裳，她把脸上的皱纹都安排得恰到好处，模样非常让人喜欢。进门二十来年了，这还是头一次这样体面地进东跨院。

　　吃饭的时候，柳如是为老太太夹菜，三姨太太对柳如是说："我亲自为老太太夹菜吧。"

　　老太太说："你且坐着，原是来陪饭的，就让这些丫头们伺候吧。"

　　三姨太太说："在姨太太当中，我屋里的丫头最多，娘家陪过来两个不说，老太太又给了我两个，可我该自己动手做的活儿从来不用她们。"

　　老太太说："这就是你糊涂了，白白养一群丫头，不让她们干活，要她们干什么？"

　　三姨太太说："我这个人心软，总舍不得使唤丫头们，不像六姨太太一样，硬逼着丫头跳了水池。"

　　老太太突然啪的一声把筷子放到饭碗上说："我已经吃饱了，水合，把这些饭菜拿到南屋让小丫头们吃去。"

　　三姨太太眨着眼睛问老太太："老太太怎么了，是不是我说的话您不爱听？"老太太没有说话，让柳如是搀扶着回了卧房。水合下令让小丫头们把老太太没动过的几样菜端到南房吃去。三姨太太高兴而来，败兴而去，沮丧到了极点，她很恨自己的那张嘴。

命运弄人，备尝艰辛

夜里，老太太心事重重地睡下了，她对任何丫头也没说话。半夜，老太太抓着柳如是的手，柳如是感到老太太的手冰凉。

第二天一大早，吃完早饭，贾总管派了一个婆子进来禀报老太太说："禀报老太太，老姨太太昨天夜里死了。"

老太太从软榻上呼地坐起来问："怎么死的？"

婆子说："可能是老死的。"

老太太对柳如是说："你带人进去处理吧，把老姨太太安排得妥帖干净些，不要怕花钱，尤其是棺椁，要上等松木。"柳如是答应了一声，带着四五个婆子和十来个小丫头进了西跨院。

西跨院和老太太的东跨院的布局一模一样。柳如是推门进了厅堂，老姨太太和老太太厅堂的布置也是一模一样，可见老太爷妻妾不分一视同仁的心态。木椅子结实笨重，一看就知道是旧时的遗物，它们全都是雕花的高背椅，没有涂漆画彩。窗纱上爬着许多苍蝇，嗡嗡地叫个不停。柳如是和一个老婆子说："你过去把窗户全打开。"一阵尘土飞扬，几扇窗子被打开了，柳如是掀起帘子进了里屋，里屋的炕上乱七八糟地扔着东西。柳如是又进了老姨太太的卧房，只见老姨太太死在床榻上。

柳如是让四个婆子把老太太的身子洗干净，头发梳理好，穿上装裹衣服。打开老姨太太的首饰盒，金的银的全都有。柳如是为她该戴的都戴了，该插的都插在头上。柳如是知道老太爷一死，老姨太太的心也死了，女为悦己者容，说得一点儿也不假，穿金戴银没人欣赏，手头又没权势，只过着今朝有酒今朝醉的生活。柳如是叫了二门外的几个小厮，把黑乎乎的地毯和窗纱等物拿出府烧了。贾总管命人买来的棺椁是上等松木做的，一共三层。

入殓以后，八个姨太太都来哭丧。柳如是也哭了，她的泪水是真挚的、深切的，她不恨老姨太太曾经把自己置于死地，她明白老姨太太对宰相府里每个人的仇恨和绝望。柳如是对贾总管说："按老太太的意思，把老姨太太埋在老太爷的右边，墓碑上刻上周氏二太太之墓。"贾总管点头答应了。

老太太没有来为老姨太太哭丧，她说自己年岁大了，不忍心看到别人的棺椁。老姨太太在灵堂里停了七天，出殡了。宰相府里没有为她大作道场，只有几个姨太太轮流着来哭了几次。

老姨太太出殡以后，老太太对柳如是说："你能用得上手了，给我省了好些麻烦。"

柳如是说："都是老太太调理得好。"

老太太摸着柳如是的手说："我问你，这几个姨太太谁做太太最合适？"

柳如是说："论贤惠，我觉得九姨太太最合适，年轻貌美又见过大世面，绝对能拿出手，她跟了老太太这些年，做事大方，就拿老姨太太死后哭丧这件事来说，别人都是假眉三道地干哭两声，由自己的丫头拉起来，只有九姨太太哭得如雨打梨花一般。"

老太太说："水秀这丫头伺候我十来年，我最明白她的性格，可毕竟她出身低微呀！"

柳如是说："说起九姨太太的出身也不低微，她从小跟了您老人家，礼貌德性样样都行，就是三姨太太大家出身，也不过俗人一个。"

老太太说："就按你说的吧，明天早安的时候，我就和大家说了这件事。"

第二天，吃过早饭，各位姨太太、奶奶、小姐们打扮得花枝招展地拥进老太太屋里请安。老太太等大家行完礼坐下喝茶的时候说："我和你们说一件事情，太太去了，你们如没有领头的雁，我思来想去，终得有个人坐正室这个位置。"大家一下不作声了，都紧张地听着老太太接下来的话。老太太一指柳如是说："让柳如是宣告吧。"

柳如是双手托着一个盘子，盘子里放着宰相夫人的金牌，大家一同看着柳如是。柳如是从老太太的身后走下来，坐在老太太下首的二姨太太刚要伸手去接，柳如是却离开了，她从七个姨太太的面前一个一个地走过，最后双手举着盘子放到水秀的面前，轻声说："九姨太太接任太太的位置，从此担任太太应该担任的职责，操劳太太应该操办的事情。"

水秀双手握住金牌，眼泪哗哗直流，她的一生只为这一件事而疯狂。

另外几位姨太太惊得张大了嘴，诱人的金牌耗费着她们生命的能量，她们的幻想在一种美丽中毁灭。天气特别好，没有阴晦的雨水和冷彻的风，通透的空气让人感到了清静。水秀抱着金牌穿过层层叠叠的目光几乎是匍匐着爬在老太太的面前，三跪九拜地行礼。

光天化日之下，二姨太太放肆地当着老太太的面吐了几口口水。老太太让水燕和水玉把水秀扶了起来，坐到老太太的身边。老太太对柳如是说："传我的命令，把西跨院重新装整一番，让新太太住进去。"柳如是命小丫头们把贾总管找来，贾总管拜过老太太又拜过新太太。

老太太赐了贾总管的座后说："新太太虽然年轻，但毕竟地位不凡，你们这些姨太太、小姐、奶奶们，每日先到新太太的屋里行完礼，再一起过来给我问安，谁要是不服，家法伺候。"

贾总管说："自从先太太没了以后，好久没有人理府里的开销账了，请新太太接过账本，把账厘清，我从外面再买一些丫头给新太太使唤。"

老太太说："把我屋里的拨过两个去，再买四个，这样一来八个贴身丫头伺候着也够用了，粗使丫头嘛，先把跟了先太太的几个大丫头配了人，把小的放到新太太的屋里，烧水、浇花干些粗活儿。"贾总管答应着。

水秀说："承蒙老太太的恩宠，我有八个丫头足够用了。"几个姨太太、奶奶、小姐们上来给新太太行完礼，怀着阴霾不堪的心情退下去了。

老太太突然说："二姨太太留下。"

二姨太太茫然地转过身问："老太太叫我吗？"

老太太说："是的，我叫你。"

二姨太太回到原来的位置上坐下，老太太一脸的暴怒，对着二姨太太的丫鬟们喝道："我要和你们主子说话，你们到外面等着伺候。"

二姨太太的几个丫头低头退出。老太太的眼神变得刁钻无比，直逼着二姨太太的脸。二姨太太问："老太太有什么事就说吧，您老人家这样看着我，我害怕。"

老太太说："平时我看你很愚蠢，但不坏，今天我才发现你不但愚蠢而且很坏。"

二姨太太吓得全身颤抖起来说："老太太到底听说什么了？"

老太太说："我刚才看着你吐了水秀一口，你对我的做法有看法了？你成日在我的眼皮底下干的那些鬼祟事，别以为我不知道。"

二姨太太扑通一声跪在老太太的面前说："老太太，您误解我的意思了，我偏巧在那个时候打了一个嚏喷。"

老太太指着二姨太太的脸说："你真是个坏透了的东西，自己以为是圣上赐给老爷的，每天带着一群姨太太作耗，前院的风吹草动我都一清二楚，别以为我老糊涂了，我比你聪明得多呢！就像你这样眉眼的宫女，圣上随便一天赐给官员们有几十个，我是一个善人，从不计较这些小事，以后你给我掂量着。就拿争太太的这件事来说，你贿赂了云嬷嬷什么东西，她来替你说话？"

二姨太太说："所有的主意全都是云嬷嬷出的，现在犯了事她竟成了好人。"

老太太说："你到底给了她什么东西？老老实实地说给我，日后你或死或活自己看着办吧，也别一块儿臭肉坏了满锅的汤。"

二姨太太吓得全身筛糠一样颤抖着，趴在地上说："老太太，贱妾日后再也不敢了，这次害死太太，都是云嬷嬷的意思，要不贱妾也不敢动手。"

老太太一惊，真是钓小蛇引出了巨蟒，原来太太的死和她也有关系。老太太指着二姨太太气得半天才说出一句话来："把云嬷嬷给我叫来。"

一顿饭的工夫，云嬷嬷脸色灰灰地进来。她看到地上趴着狼狈不堪的二姨太太，全都明白了。老太太铁青着脸不等云嬷嬷上来行礼就说："蝎子越老越毒辣，一点不假，你跟了我快一辈子了，我也把你配了人家，你和我一样儿孙满堂，没想到你上了年纪，还出了一件祸事。"

云嬷嬷痛哭流涕地跪在老太太面前说："老太太，您不要再说下去了，都是老奴财迷心窍干出了傻事，我跟了老太太这么多年，都是很小心地过来的，我为死去的太太抵命，今天老奴就了断自己。"

老太太说："就凭你的命能和太太的命相比吗？你对着二姨太太对话，怎么样害死太太的，都给我说明白，想死想活自然由着你去。"

云嬷嬷心想："也许老实交代出来老太太看在自己跟了她一场的份上，会给我一线活路的。"所以半趴在二姨太太的身后把害太太的事一五一十地说了出来，尽管有时好似呻吟，但老太太还是听得非常真切，她说："上个月的一天，二姨太太抱着一包金银簪环来到老奴的房里说她又受了太太的气，太太找她的茬子，她没法活了，让我在老太太面前多说一些好话，抬举起她来，也不受太太的气了。老奴劝了她一阵子，她说：我不能一辈子让这个死老婆子压制着，如果我翻了身，宰相府里有什么，云嬷嬷您家就有什么，说着把她带来的包袱打开，里面全是金银宝石，老奴的孙子正需要请一位好私塾先生，正缺银子，儿媳妇抱怨儿子没本事，如果收下这包东西，老奴孙子这辈子的吃穿用度是不成问题了。老太太原谅老奴作孽吧，老奴下辈子还要做您的奴才，来生陪伴老太太。"

老太太说："假如没有来生，你拿什么来挽回自己作下的孽？太太高贵贤淑，每月给你发放银两，你何苦要串通二姨太太将她害死？"

云嬷嬷说："老太太，老奴无颜再见您老人家了。"说着向柱子上乱撞起来。

老太太下命说："来人，给我拉住她。"几个婆子进来拉住云嬷嬷，云嬷嬷的头发蓬乱。

老太太说："你倒是有理了，想一死了之，我明白地告诉你，你就是死也不能死在我屋里，我怕你寒碜着我的屋子。"

云嬷嬷抬起头对老太太说："我恨太太，恨她看不起我，所以我就撺掇着二姨太太在茶里下了砒霜，我要把二姨太太扶正，等二姨太太掌了权，我的儿孙们就再也不那么穷了。老太太，你生活在富裕暖和的家里，哪里能够知道我们穷人过的是什么日子？你当时为什么把我那么随便地配了出去，找了一个赌鬼，我死，我今天回去就死，我不会寒碜着你的屋子。"

老太太指着云嬷嬷没有说出一句话，连着咳出几口血来。柳如是和水燕等几个大丫头上来为老太太收拾，老太太半天才喘过一口气来说："拉出去，掌嘴四十，打烂她的嘴，平日里我当姐妹一般待她，她却干出这样下作的事来。"几个婆子把云嬷嬷拉到二门外打嘴去了。老太太直盯着二姨太太说:"你去死吧。"

二姨太太从老太太屋里走出来,神色特别恍惚。她的几个丫头上去搀扶她,她推开丫头们,惨淡地笑了一下,歪歪斜斜地走着回了自己的屋。进屋以后,自己把自己关了起来,然后照着镜子打扮起来,老了,脸上的皱纹一天比一天深了,女人的光彩所剩无几。她描眉画鬓,就像当年进宫一样仔细地打扮着。她想起了多年以前怀着一腔幽怨进宫的时候,她的母亲就是这样为她精细地描眉画鬓的。时间过得真快呀!转眼间进宫出宫地折腾得她提心吊胆,该结束了,早该结束了。即使自己不害死太太,这种龌龊不堪的日子也过够了。胜者为王,败者为寇,就是老太太不赐她一死,她也感到活着已经失去了意义。

二姨太太想了一会儿,哭了一阵,然后拿出两丈缎子,绕上画梁自尽了。

二姨太太的门一直关着,几个丫鬟去送晚饭也叫不开门。她们来到西跨院禀报了水秀说:"太太,我们二姨太太进屋后把屋里的门关了,我们叫也不开,喊也不开,太太过去看看。"

水秀想:这一定是二姨太太又在作怪,要自己出面,如果这样轻易让她耍了,那不成笑话了。水秀把金锁叫到面前说:"你过去看看,不管二姨太太说出什么难听的话来,你只管听着,不许与她顶嘴。"

金锁答应着,带了二姨太太的丫头们来到前院。她咣咣地拍了拍二姨太太的门问:"二姨太太,我知道你心里难过,但再难过也得吃饭呀。"说完金锁屏住呼吸听了听,屋里仍旧鸦雀无声。

金锁说："叫二门外的小子们进来，把门撞开，我是新太太跟前的丫头，你不看在我的面上就是不服我们主子。"

二门外的几个小子进来后，对金锁说："金锁姐姐，没有老太太和新太太的命令，我们不敢轻易地撞二姨太太的屋门。"

金锁说："撞吧，出了事横竖有我挡着，你们怕什么。"

小子们只撞了几下，门就开了。只见二姨太太悬吊在画梁上，舌头吐了半尺多长。金锁和丫头们吓得四下逃窜。

夜里老太太刚刚躺下，柳如是也卸了妆，准备歇下，忽听看夜的一阵吵闹。柳如是和水燕说："姐姐还没卸妆，出去看看出了什么事。"

水燕出去了一阵子，进来小声把柳如是叫到外屋说："二姨太太上吊死了，太太打发婆子来禀明老太太。"

柳如是说："老太太已经歇下了，万不可再惊动她老人家，天大的事情等明天再回吧。"

柳如是刚进了老太太的卧房，就听到老太太的帐子内一阵响动。接着老太太在帐子内问："柳如是，到底出什么事了？你们刚才说谁死了？"

柳如是见瞒不过老太太，只好说："太太打发人过来说二姨太太没了。"

老太太说："伺候我穿衣裳，我过去看看。"柳如是说："估计太太已经安排妥帖了，老太太明天过去也是一样的。"

老太太说："给我挽帐穿衣，我去送她一程。"

水燕一伙给老太太穿了大衣裳，老太太由柳如是搀扶着，带着一群丫头挑灯来到二姨太太的房中。水秀带着一群女眷出来相迎，老太太进去后看到二姨太太一切都收拾妥帖，身子直挺挺躺在床榻上，身上罩着白绫。老太太掀起白绫，看了看二姨太太的遗容，伸手抚摸了几下。老太太没有哭，一脸的平静。她对身后的几个姨太太们说："做女人最难了，尤其做姨太太那就更难了，活着受罪，死了可怜。"几个姨太太顿时痛哭起来，边哭边偷偷地看老太太。

老太太出了二姨太太的卧房，水秀跟出来伺候，老太太说："你也给二姨太太烧张纸钱，哭她几声吧，都是女人，她和你的命运只有一线之隔，她要是当了夫人，日后死的就是你了。"水秀答应了一声，坐到二姨太太身边，命金锁点纸，自己哭了个泪干气绝。

二姨太太死了，老爷只是问了太太一声，连一滴泪也没流。不知道内情的姨太太们又坐到一起，八姨太太说："二姐真傻，争不上太太还像以前做姨太太不是很好吗？干吗非死不可？"

三姨太太说："被逼的，人都想活得体面、有尊严，但是尊严是别人给的，并不是自己抢来的。"

八姨太太说："我是在说二姐不该死，你却说起了尊严脸面的，我看水秀能当太太，就是柳如是那个死蹄子在老太太面前说了话。"

六姨太太说："老太太当时让水秀做九姨太太的时候就准备好将来扶正她，再加上柳如是那个死蹄子作耗，水秀就顺风顺水地做了太太。"几个姨太太讨论了半日，把罪过都记在柳如是的身上，她们恨不得柳如是马上死去，出出她们心头的恶气。

二姨太太出殡不久，圣上就改朝了，让大臣们在农历每月一、三、五日上朝，二、四、六日在家。老爷几乎每日都在家里，搂着水秀喝酒玩乐，不务正业。老太太经历了一番又一番的波折，变得越来越沉默寡言了，虽然子孙满堂，但是她却品尝到了寂寞与空洞的滋味，在这寂寞的岁月中，她一刻也离不开柳如是。

帐子中，老太太紧握着柳如是的手问："柳如是，我是不是有些太恶了？"柳如是回答："这样大的家业，难免有些咬牙蹬筋的姨太太，不给她们一些颜色看看，是震慑不住众人的。"

老太太又问柳如是："老姨太太的坟墓修得好不好？入殓的时候头发乱不乱？"

柳如是回答："老太太尽管放心好了，一切都安排得十分妥帖。"

老太太沉默了，在暮气沉沉的夜里，绝望已经浸透了她的身心，但是她还是挣扎着，努力撑起宰相府的整个局面。

过十月初一的时候，老太太决心带着新太太和众姨太太们到庙里超度宰相府中故去的亡灵。柳如是吩咐了贾总管备好车马，水秀也挑选了一批头脸干净的丫头，跟着去庙里祭奠。

老爷来到老太太的厅堂，老太太穿了大衣裳迎了出来，老爷给老太太请了安，老太太赐了座。老爷对老太太说："听说母亲要带女眷们到庙里烧香许愿，儿子深感内疚，多亏母亲想得周到。"

老太太说："我明着说是出去烧香，其实也想到外面吹吹风，吹去我的晦气，让太太和姨太太们到庙里静静心，省得她们成日蜗居在府里难受，让她们在庙里过一夜，听听朝钟暮鼓。"

老爷说："这倒是一个好主意。老太太屋里可得留个心细人，尤其是到了晚上，举头是灯笼，低头是蜡烛，不要引起火灾。"

老太太说："你这话倒是提醒了我，不过我的身边只有柳如是这个丫头心细，水燕几个大丫头跟了我十来年了，可那种小家子样子始终改不掉，尤其是我不在的时候，对小丫头们又打又骂，显示她们的威风，就把隐丫头留下吧，你也多操些心。"

老爷说："母亲这一出去，带走府里的一多半人，二门外的小厮轿夫、各房的丫头婆子，留下的人也总得有个人来辖制，让隐丫头留下来极对，只是老太太在外面要多留心身子。"

老太太说："我原想把水秀留下，可考虑到以后她得学会治理家业，出去烧香拜佛是免不了的，就带了她去。"老爷和老太太又说了一会儿话，老爷就回西跨院了。

第二天老太太交代了柳如是一番，带着水燕、水合、水玉三个大丫头和四个小丫头走了。丫头们常年在府中伺候主子，听说要出门，一个个满脸惊喜。老太太进庙上香的队伍浩浩荡荡，花车几十辆，轿子一顶接一顶。前面开道的敲锣打鼓，后面跟随的小厮彩旗飘飘。

柳如是出了东院发现府里空大了许多，她来到前院，各房只留下看屋子的一两个婆子。进府以来，她第一次感到府里这样静，往日的欢声笑语、争争吵吵都消失得无影无踪。柳如是来到二门外，几个没留头的小丫头子从洗浆房出来泼水，见了柳如是抢着问好。柳如是觉得很是孤独，又回了老太太屋里看了一会儿书，几个小丫头送来晚饭，柳如是随便吃了一口。

晚上，柳如是带着五六个小丫头子们到各房走一走，看看有吃酒赌博的婆子们没有。刚走出厅堂，只见几个婆子一边上灯一边嘀咕："出去游玩轮不上咱们，干活倒是一点也不敢怠慢，真不公平！"

柳如是喝住婆子们说："一天起来只干这点活儿，你们就说出这样的牢骚话来，今天让小丫头子们都睡觉，偏偏让你们几个守夜。"

几个婆子见是柳如是，连忙赔笑说："是姑娘呀！我们以为是主子们不在了，说些浑话，姑娘可千万不要当真。"

月光照耀着门楣，婆子们的笑容也看不清楚，柳如是点了几个婆子的名说："你们上完灯必须守夜，如果出了事就扒你们的皮，不要以为主子一走，你们就大着胆子。"婆子们点头答应着。

柳如是到堂屋里洗了手上了三炷香，又到了南屋，只见有两个小丫头子在投骰子玩。柳如是说："早些睡吧，明天一早老太太就回来了，你们别只顾着玩，耽误了正事。"小丫头们急忙解带脱衣睡下了。

柳如是从南屋出来，听到有人拍门。守夜的婆子开门一看，是太太那边的一个老妈子。守夜的婆子问："这么晚了，都上门了，你来干什么？"

老妈子说："我有话和柳如是姑娘说。"

守夜的婆子把老妈子带到柳如是的面前。柳如是问她："有什么急事？各院都锁门了，我正准备睡下。"

老妈子说："我只是个传话的人，姑娘不必恼我，老爷在西院的书房内作文写字，偏偏几个大丫头让太太带走了，几个小丫头也不会研墨，老爷想让姑娘过去伺候一阵子，老爷写完奏章就送姑娘回来。"

柳如是一听，着急地换了体面的衣裳，跟了老妈子来到老爷的书房里。老姨太太的房子已经成了太太的卧房，老爷把书房从前院挪到西院的厢房中。柳如是一进书房只见千盏万盏灯火照得书房里如同白昼。满面褶皱的老爷端坐在书桌前，如萎缩已久的水草一样。柳如是对着老爷下拜见礼。

老爷说："起来吧，别人都下去。"

几个小丫头巴不得这样，急匆匆地都退下了。柳如是起身一步一步走近老爷，她看着他后颈上深深的皱纹，皱纹十分零乱，如伤痕，扭曲蜿蜒。柳如是一点一点地向皱纹靠近，最终站在书案前来研墨。她听到老爷急促的心跳声，便更加紧张，这一切分明是老爷有意的安排。

柳如是身上有些寒冷，也许来自心底，也许来自窗外的风。柳如是的手有些颤抖，老爷问："你冷吗？"

柳如是回答："不冷。只……只是有些凉。"

老爷说："我给你暖暖手。"

柳如是挪动身子准备告退，老爷哪里能放她顺利离去，真是如鹰见兔，老爷一把把柳如是拽到怀里。"柳如是，我要和老太太讨了你，做我的十姨太太。"

悲剧的尾声在幽暗中落幕。柳如是如一缕青烟，用幽灵一样的脚步，逃走了。

第二天，老太太带着大队人马回来了。她到寺庙中许了一个愿，吃了一天斋饭，然后带着全家的女眷回了宰相府。水合几个搀扶着老太太换了衣裳，老太太问小丫头们："柳如是呢？怎么不出来迎接我？"

小丫头子们回答："老太太，柳如是姐姐病了，一直睡着没起呢。"

老太太在厅堂喝了一口茶，匆匆来到自己的卧房里。只见帐子低垂着，屋里没有一丝的响动。老太太满腹狐疑地扯开帐子，只见满脸泪水的柳如是躺在床榻上。老太太喝退身边的丫头们以后问柳如是："你这是到底出了什么事？就是你捅了天大的娄子也有我在后面撑着，看看你的这个样子，快吓成疯子了。"

柳如是哭成一朵雨打梨花，她扑到老太太怀里说："老太太，我不想活了，要不是为了等您老人家回来见上一面，奴婢早一头撞死了。"

老太太心疼地搂住柳如是问："你是不是遭人欺负了？"

柳如是点了点头说了事情的经过。

老太太气得跳下床，把茶几上的茶杯茶碗呼啦啦推到地上，大声叫着："我就剩这么一个称心的宝贝了，都要让他这个畜生糟践了，真是一个牲口。"水合几个进来收拾，老太太吩咐说："给我换了衣裳，把老爷叫到我的厅堂。"

老爷听到老太太叫他过去，知道大事不妙，早准备了一副可怜样子，衣衫不整地来到老太太面前。老太太当着下人的面，无法控制自己满腔的怒火，上去给了老爷两个嘴巴子。老爷跪在老太太面前说："母亲，儿子知道错了。"

老太太说："刚刚把水秀给了你，你就又琢磨上我的柳如是了，你就不能给我留下一个干净体面的丫头吗？你六十来岁的人了，淫欲简直沟壑难填，可惜还是一国之相，传出去你有何颜面见人？"

老爷连连磕头说："母亲，儿子的身子越来越不好，水秀不过是个体面的丫头，哪里能和先太太相比，我要了柳如是也不过是为了补补身子。"

老太太冲着老爷的脸唾了一口说："你让我伤心呀！"

老爷趴在地上，一直磕头求饶。老太太看着满头白发的老爷，心软了，有些气愤地说："你先起来，真是气死我了。"

周道登仍然没有起来，装作十分可怜。

中国妇女缠足，据野史传言，南唐李后主的癖好，便是缠足使女人变得颤颤巍巍、楚楚可怜，独具一种"病弱之美"，如残荷、如拂柳。周道登逃不脱以女子的残弱来膨胀自己优越感的病态心理。他与文人雅士完全不一样，他从来不欣赏女人。为了养身，他从众妾婢身上获得阴气的滋补。周道登深通此道，到了晚年，还变着法地媵妾。他早已垂涎柳如是的美色。

老太太当着众多下人的面，把老爷骂了个狗血淋头。周道登半趴在地上说："母亲，儿子对柳如是的感情是真实的，我乞求母亲割爱把她送给儿子吧。"

老太太说："这事我也做不了主，我拿柳如是当宝贝似的，由她自己决定吧。"

老太太打发了水合把泪痕满面的柳如是叫来，柳如是弯腰拜见老太太，老太太把柳如是搂在怀里说："我对着众人的面把老爷该骂的话都骂了，你也别委屈了，老爷再老也是宰相。"

柳如是不由得流下泪来，老太太说："这府里多少丫头想让老爷沾她的边，老爷也不沾，偏偏对你一往情深，你就跟了老爷吧，做十姨太太。"

柳如是不语，老太太说："把太太叫来。"

工夫不大，几个丫头扶着水秀匆匆而来，见周道登半趴在地上，如一条被痛打了的狗一样弯腰弓背。水秀跪在老爷的身边说："老太太出了什么事？老爷这把年纪怎么能半趴在地上？如果老爷有错，媳妇也甘愿一同受罚。"

老太太说："老爷昨天晚上把柳如是闯着了，你说该怎么办？"

水秀转过身看着老爷，泪水如热泉一般涌在脸上。她无法接受这个现实，被窝中与自己甜言蜜语的人，却是这样一个人。水秀的心痛了一下，痛得狠狠的。可现在她是太太，是宰相的正头夫人，是一品诰命，为了保持尊严，她的喜怒哀乐不能摆在脸上。水秀用袖子掩着面容轻声说："事已至此，也无法更改了，如果柳如是姑娘同意和我一同服侍老爷，我甘愿出万两黄金，从老太太手中把她讨过来。"

老太太说："真是深明大义，和前太太都是一样贤惠。我做主了，三天后娶柳如是。"

柳如是尽管不愿意当十姨太太，可也是身不由己。这些年随舅舅到处流离，可身体始终处于荒凉的纯洁之中，从来没有男人打扰。她从身体到内心都有着说不出的辛酸。说白了，她不喜欢老爷，从气味到身体她都厌恶他。她恨他满面皱纹，恨他的赘肉、斑点、茧子。在这种持续反感的情绪下，她泡在老太太的浴池里，这也是最后一次在老太太的浴池中洗澡了。但怎么洗也洗不掉内心的耻辱。

浴室里雾气缭绕，蒸腾着一队垂手服侍的小丫头们。水合给柳如是解开衣裳对柳如是说："老太太吩咐了，让你多泡一会儿，水要是不够了让小丫头们再放些。"

柳如是点了点头，她在水合絮絮叨叨的说话声中脱了衣裳，慢慢地下了水池。水中的旋涡中有几朵下陷的茉莉，她也看到了自己散落的长发，她的身子完全浸泡在水中，只露出双肩和脑袋。水温柔极了，无孔不入地抚摸着她的身子，柳如是突然想到，自己以后也会和二姨太太一样，一天天老去，被蔑视、被辱骂、被遗弃……最后用死来完成一生的谢幕。

我今年十五岁了！柳如是在叹息中带有惋惜。

她从水中站了起来，水平静之后倒映着她背部的曲线，此刻她竟然对自己这个与生俱来的相伴而行的肉体分外陌生和恐惧。

"姑娘，是不是需要小丫头下去擦一擦?"一个冗长的声音在浴室里回荡。柳如是听出是水合的声音。

柳如是说："浴室太暗了，再加几盏灯。"声音同样冗长舒缓。

水合叫进几个婆子，让她们把浴室里所有的灯盏都加上一勺清油。几十盏灯霎时一起明亮起来，灯焰如乳一样洁白，照着柳如是俊俏的身子。柳如是抬起头看着灯，一种绝望迎面袭来。

就在柳如是沐浴的时候，水秀已经把水燕叫到跟前。水燕进门下跪说："见过太太。"

水秀怒气冲天，大声说："什么太太的，你快起来吧。"

水燕起身，水秀说："我真没想到老爷是这种男人!"

水燕说："太太早应该防着些，我们进府十来年了，每年老爷都要娶亲拜堂，前太太睁一只眼闭一只眼就过去了，忍一忍吧。"

富足与尊严早已把水秀征服了，她以为在宰相府里除了老太太就是自己，自己是走向塔尖的人物，可没想到骚动的萌芽也能成为幼株。

水燕说："眼下只能把这个小贱人娶进来，至于以后怎么办，我们再看势头。"

水秀哭了起来说："我并不是容不下这个小贱人，是为自己付出的一腔热心感到惋惜，老爷老了，不能与我干那种事已经有好几个月了，可一见那个小贱人却……"

水燕说："你也别哭了，让人看出来反倒觉得你不好，老太太那边如有消息，我随时来和你禀明。"水燕匆匆走了，水秀叫下人张罗着老爷的婚事，柳如是虽是填房进来的人，可不一般，那是老太太的心头肉。轿子上挂着的红布、迎亲丫头的挑选，还有鼓乐、炮仗，水秀都一一过手，展示着她这个做太太的全能。

这就是水秀做太太以来所办的第一件事，这件事是短促的，可对于她来说是走向使命完成的、走向生命成熟的痛。老爷看着忙碌的水秀，心中无一丁点愧疚，反而觉得她的生命跨越出自我完成的关键性一步。柳如是，这个小巧婀娜的女孩，是香喷喷的女孩，那是幽香、是体香，也是口香、汗香、人气的香，磁铁般地吸引男人的香，把自己弄得神魂颠倒，世上这种美而香的女人可真是少见。老爷发誓得到柳如是也就宣告自己这辈子不再娶亲。

柳如是在柔和的水中站了多半个时辰，起身出浴池，水合过来亲自为她穿上衣裳。水合说："洗了个澡变得更加水灵了，我的天，别说老爷看着，就是我们当丫头的看着也眼馋。"

柳如是对水合说："明天我就成了十姨太太了，我的心却如跌入冰窖，我现在终于明白了水秀姐姐出嫁前的泪水。"

水合说："我们做奴才的封了姨太太就算走运了，凭着良心说，老爷糟蹋了他身边的多少丫头，那些丫头还不是没了清白、没了下落。"

空气很窘，柳如是觉得水合有种看透尘世的样子。柳如是由水合带着来到老太太屋里，老太太拉着柳如是坐到自己的身边说："明天你就过去了，成了太太屋里的人了，你和太太在一起服侍了我一年半载的，我想她也不会怎么为难你，你过去好好服侍老爷。"

柳如是顺从地点了点头。

老太太说："我给你挑选了四个丫头，我都赐了名，都是世奴家里的，很干净，水合你把她们唤来。"水合出去一会儿，带进四个丫头，个头都差不多。

老太太对着四个小丫头说："你们的主子在这里，各自报上名来吧。"一个稍大一点的说："我叫小棠，以前是大厨房的。"第二个说："我叫小杏，跟过前太太。"第三个说："我叫小桔，一直跟着老太太。"第四个说："我叫小豆，以前在二门外的洗浆房。"

老太太问柳如是："你合心不？"

柳如是点了点头。老太太叫来所有的大丫头坐在一起，和柳如是吃了一顿团圆饭。上灯的时候水秀亲自带着人过来，抬来一百两金子，三百两银子，衣裳五身。老太太让柳如是过目，柳如是连箱子都没打开便说："一切都很好。"

水秀对老太太说："其实我巴不得柳如是过去，以前说了怕老太太不高兴，现在老太太赏了，我们西跨院每个人都是欢天喜地的。"

柳如是突然问老太太："老太太，以前西跨院住着老姨太太时，曾经有多少丫头伺候过她？"

老太太说："老爷在世的时候，她身边少说有二三十个婆子丫头的，后来老爷没了，老姨太太屋里流失空空，死的时候身边连一个人也没有。"说完老太太长叹了一口气。柳如是似乎明白了为什么前些日子几个姨太太都争着当太太，姨太太注定了自己生命的劫数，懦弱，是无法逃脱的，可终究躲不掉的是悲伤的结局。柳如是的心头掠过一阵不安。

第二天，西院的轿子早早就来到东院，柳如是打扮好后，拜别了老太太，嫁到西院。她的红衣如欲滴的鲜血，清晨的太阳照上去，火红一片，柳如是永远忘不了这个日子，血红的嫁衣让她在漫长的岁月中划出一道鲜亮的坎儿作为醒后的记忆。从那天起她由一个天真的少女变成了一个妖艳的少妇。她时常在老爷的怀抱中失眠，她想起了以前死去的老姨太太，在黑夜的寂寞中她在无为和无望里忍受着孤独与衰老。今日她看着睡得一塌糊涂的老爷，仿佛听到老姨太太如一个受伤的歌者在黑夜里绝唱、怒吼。

自从柳如是嫁到西院，老爷夜夜和柳如是在一起，早把青春靓丽的水秀放在脑后。水秀不愧贵为太太，她用无所不容的气度包容眼前的失宠局面。老爷得了柳如是，当然满心喜欢，他常常把柳如是放在膝头教她吟诗读书。年纪尚小的柳如是，虽通文墨，却无后来的清醒认识，并没有感觉到自己是老爷的掌中玩物。老爷曾经是皇子的老

第一章 逢少年，人生似浮萍流转

师，那经史子集、琴棋书画，虽无一绝，却样样能舞得有板有眼。闲时吟诗，便叫柳如是应对。老爷说上句，她也毫不马虎，就能对出下句。老爷夜间读书，少不了小爱妾红袖添香、书写养气。自幼精通文墨的柳如是磨墨时，信笔涂鸦，老爷越发喜欢，娶过十个女人，没有一个比这丫头更精明的。老爷亲手教她写字作诗，不知不觉，老爷成了柳如是的启蒙老师。

圣上有旨，周道登因年纪已高可以免朝，这样一来，老爷更是对柳如是形影不离，柳如是喜怒无常，弄得老爷神魂颠倒。水秀夜夜看着书房内灯火通明，想起初嫁到老爷屋里的情景，不觉一阵心酸。几十盏白灿灿的灯光照着柳如是的脸，她的微笑灿烂得如红草莓。她来到西院之后，院子里所有的光线变得明媚而生动，且富有质感。

金锁和银锁等一干人替她们的主子愤愤不平，水秀住上房，柳如是住着偏房，进来出去都总要路过水秀的上房。

一日早上，柳如是刚睁开眼就吵着要吃山楂糕。老爷打发了小杏拿了银子让二门外的小厮赶快买来，一时也耽误不得。小杏拿了银子一路小跑，刚要出院，水秀的丫头金锁从屋里出来。小杏由于着急只冲着金锁笑了笑也没问好。

金锁叫住小杏问："你看见我了没有？"

小杏说："我看见姐姐了，因为十姨太太要的东西着急，没顾得上问姐姐的好。"

金锁一听小杏着急是为了给柳如是买东西，顺口说了句："真是拿着麻雀当凤凰，你快些走开，别恶心着我。"

小杏仗着老爷疼爱自己的主子，根本不怕金锁，她索性不着急了，返身回来问金锁："你刚才说的是什么话？谁是凤凰？谁又是麻雀？我怎么能恶心着你？是不是看着我们主子受宠，你们一干人眼热了？"

金锁想：自己是太太面前的大丫头，除了老太太屋里的大丫头，别人见了都要恭敬三分，这个豆子大的小丫头竟敢和自己顶嘴。金锁的火气一下就涌上了心头，过去给了小杏一个嘴巴骂道："你也不过跟了前太太几天，给大丫头们梳头洗脸的下贱东西，跟了你的主子，越发没有王法了。"

小杏挨了打尖声哭骂起来："都是一样的奴才，谁比谁高贵多少？你竟然伸手打我。"

水秀刚睡醒听到哭声，朦朦胧胧地问丫头们："大清早是谁鬼哭狼嚎的？多不吉利。"

银锁说："是金锁姐姐和十姨太太屋里叫小杏的丫头在打架。"水秀一听便匆匆穿了衣裳出来，只见柳如是早带着一群丫头站在上房门口。

柳如是见水秀出来，便一脸怒气地说："你是凤凰，我是麻雀，麻雀不占你凤凰的窝，不行了我们走，这院子给你自己留下。"

水秀一头雾水，她先给了金锁两个嘴巴说："大早上的，也不进去服侍我，和一个孩子打架。"

金锁挨打之后哭了起来，边哭边说："太太就是心慈手软，把她们一帮人宠得快翻天了，小杏见了我就跑，眼里没我就是没太太。"

柳如是指着金锁对水秀说："你听听你的下人在说些什么话？她们

一帮人指的是谁?"

水秀连忙让几个丫头把金锁拉走,自己过来对柳如是说:"妹妹何苦为这点小事生气,本来是下人们的事,我们也别掺和了。"

柳如是冷笑一声说:"是你的丫头揪扯着骂我是麻雀,抬举你是凤凰,你反而说我掺和丫头们的事,亏你也说得出来,想想你当年是怎么跪着求我在老太太面前为你说好话,要不你能被老爷扶正?"

当着一群下人,水秀的脸一会儿白一会儿红,等柳如是说完了,她又笑着说:"都是过去的事了,妹妹还提它做什么? 无非表白一下你是老太太的红人,在你刚刚进府时,我也好生照顾过你。"

柳如是听水秀和自己算陈年旧账,立时又添了火气,对小丫头子们说:"金锁呢? 既然她的主子不管教她,我就让老太太去管管。"

柳如是的小丫头一起冲进上房拉着金锁去见老太太。老太太也是刚醒,见一群小丫头拉着金锁进来,后面跟着水秀和柳如是。老太太问:"这一定是金锁惹了十姨太太了吧?"

金锁跪在老太太面前说:"我哪里有胆子敢惹十姨太太,不过惹了十姨太太的丫头罢了。"

老太太不容水秀和柳如是解释,马上说:"好一个尖牙利嘴的祸事头子,拉到二门外给我打她四十板子,再拉出去配人。"

水秀眼看着自己的心腹丫鬟被拉了出去,却一声也不敢吭。老太太对水秀说:"你是跟过我的人,柳如是也是跟过我的人,柳如是帮着你从姨太太扶正到太太,你不但不感谢她,反而指使你的丫头寻衅闹事。"

水秀低着头,不敢说一声大话。

柳如是冷笑一声说：“还有更厉害的话老太太没有听见呢，人家说太太是凤凰，我是麻雀。”

老太太指着水秀骂道：“你听听你的下人胡嚼些什么，传我的话下去，金锁除了打板子再掌嘴二十，让她长长记性。”

水秀哭着跪在老太太面前说：“老太太，是我不会调教丫头，您千万别气着身体。”

老太太说：“柳如是原来提出让你做太太，我就有些担心，太太是一家之主，要仁慈公正，你却这般软弱无能，连自己身边的丫头都调教不好，这府里谁能服你，要是我再听到十姨太太受了委屈，第一个拿你来是问，要你干啥的？老爷现在又不用你伺候。”

水秀哭了一个早上，回到西院的上房。她命人把水燕叫来说：“这回我丢人了，老太太说不定要免掉我这个太太。”

水燕说：“太太，你既然当了太太，就受圣上的诰封，怎么说想免就能免得了的，您现在一动不如一静，少让你的丫头们出去惹是生非，柳如是这个死蹄子正在热头上，你还不知道老爷，对哪个都是三天热，等这个小蹄子冷下来，我们拿她个错，除去她，现在只有三姨太太不服你，你先搁着柳如是，把三姨太太整一整，杀鸡骇猴，抖一下你当太太的威风。”

水秀说：“我只恨柳如是这个死蹄子，仗着老爷疼她，我这个太太让她比矮三寸，万一老太太不给我做主，倒显得我是个多事人。”

水燕说：“你不要害怕，好歹老太太面前有我们呢，柳如是走了以后，老太太对我们几个大丫头极好。”

第二天，刚吃完早饭，三姨太太带着几个姨太太来给水秀请早安。水秀说："昨天早上金锁的事你们可曾听说没有？"

四姨太太说："听说了，金锁被打得血肉模糊的，然后拉出去配了一个轿夫的儿子。"水秀的心不由得一痛。三姨太太咔咔地笑出声来，一副幸灾乐祸的样子。

水秀忍不住问三姨太太："你笑什么？是为我的贴身丫头被赶出去而高兴吗？明天我犯了错，也被赶出去，你还不乐死了吗？"

三姨太太皱了一下眉头，斜视着水秀说："你就敢捏软的，十姨太太从来不过来问你的早安，你啥都不说，倒欺负我们一些胆小怕事的。"

水秀一拍桌子吼着："越发反了，我是不敢得罪十姨太太，但是我敢得罪你，我是拿了金牌手眼通天的诰命夫人，你不过是一个偏房，就敢在我的面前如此大胆。"

三姨太太也不示弱，她冷冷一笑说："你们看看，果然露出狐狸尾巴了，她比前太太还要厉害十倍，我看你用什么法子来治我。"

水秀说："撤掉你身边的两个丫头，这是念你初次冒犯我，如果下一次，我就让老太太休了你。"

三姨太太跳着高地骂水秀："你算什么太太，给我抠鞋底我都看见你恶心。"

正吵着老太太过来了。老太太原本想过来安慰水秀的，正赶上吵架。水燕在老太太身边说："真是反了，狼撞开门子，狗也往里钻了，定是三姨太太寻太太的不是了，老太太要为太太撑腰，挟制一下三姨太太，这些上了年纪的姨太太们没一个好缠的。"

老太太进了上房，大家都起身作揖见礼。老太太说："我听到这里吵架，也不知道谁说我选的太太给她抠鞋底，她都嫌恶心？"

三姨太太立时跪在老太太面前说："老太太给我做主，太太想撤掉我身边的两个丫头，我一时生气才说了这样的傻话。"水秀亲手扶着老太太坐下来，又亲手把茶碗递到老太太手中。

老太太说："你就是受再大的委屈，也不能出口伤人，太太的根基是不如你，你是千金万金小姐，她不过是我身边的一个大丫头，可既然她被封为正室，你就应该按礼数尊敬她，何苦说出那样下流不堪的话来践踏她？"

三姨太太依然跪着说："她既然是太太，办事就要公正，我们每天都按时来给她请安，而十姨太太从来就没有来过一次，她却一声不响，都是一样的姨太太，何况我又生下三小姐，十姨太太不过一时得宠，我哪里就不如她了。"

老太太问水秀的丫鬟："十姨太太从来不过来问安吗？"

丫鬟们垂手点头。老太太对水燕说："你去把十姨太太叫来，我亲口问问她，她凭什么和别的姨太太不一样。"

水燕来到偏房，柳如是和老爷在里屋弹琴，小杏和几个小丫头用风干了的凤仙花做染料。小杏看见了水燕问："姐姐来我们屋里做甚？"

水燕问："十姨太太呢？"

小杏冲着里屋努了一下嘴说："在屋里和老爷弹琴呢，我进去回报一声去。"

水燕说："不用了，我进去吧。"

小丫头挑起帘子说："老太太屋里的水燕姑娘来了。"

水燕进了里屋，只觉得香味扑鼻而来，老爷搂着十姨太太正在弹琴。水燕下拜老爷和十姨太太。柳如是从老爷的怀里钻出来说："真稀罕，你怎么来了？"

水燕说："老太太在太太屋里，让十姨太太过去一趟。"

柳如是和老爷说："我去去就来，你要等我呀。"

老爷说："今天这首《凤求凰》的曲子你一定要学会。"

柳如是穿了大衣裳叫了小棠和小桔，跟着水燕来到水秀的上房。柳如是带着丫头们款款下拜，只见老太太一脸的怒气。三姨太太也在跪着。老太太长叹一声问："十姨太太伺候老爷有功了，是不是连给太太请安问好的机会也没有了？"

柳如是没敢说话，小棠说："回老太太，老爷一时也离不开十姨太太，所以耽误了问安的事。"

老太太厉声说道："我在问十姨太太呢，用你一个奴才来说话，来人，给我掌嘴二十。"

小棠被几个老婆子打了二十个嘴巴。老太太让三姨太太起来，对着柳如是说："在府里太太是当家的，几乎妇孺皆知，偏偏就是你例外。"

柳如是说："我常觉得和太太住在一个院子里，低头不见抬头见的，一天能见五六面，就没过来问早安，原以为太太不会计较这些的。"

老太太说："什么计较不计较的，府里生来就有长次的区别，难道就因为老爷宠你，你把礼教也看得虚无了。"

柳如是见小棠被打得满口淌血，不由伤心起来，对老太太说："我不过来问安，太太对我说就好了，何必让老太太过来，以后不管我犯了什么杀头大罪，惩罚我一个人，不要轻易打跟我的丫头。"

老太太在府里生活了六十多年，她经历了大大小小的事后有意无意地把人性中的惯性和弱点看透了。她已经预测到柳如是不是她以前温顺得如怀中的小猫一样了，因仗着老爷，她敢说、敢骂，她是老姨太太的再生。

老太太对水燕说："今后你去伺候十姨太太，把小棠换到我屋里。"

说完扶着几个小丫头走了。

大家也各自散了，只留下垂手站着的水秀和跪在地上的柳如是。她们曾经是称姐道妹的好姐妹，现在这种关系已经被活生生的现实劈开了，各自的心里有了一道相似的伤痕。她们在屋里静静沉默了许久，柳如是开口了，她说："你已经占尽风头，做了太太，难道连以前的旧情也忘了吗？"

水秀说："我只占了一个空名头，你拥有老爷的宠爱，让众人觉得你高不可攀，你连正眼也没瞧过我，我不知道我是你的什么人，你自己也忘了你处在什么位置。"

柳如是说："你我同侍一夫都是很无奈的，早知有现在的结果，我一头撞死在老太太的屋里，也不嫁过来了。"

水秀冷笑一声说："这假眉三道的话，你说给别人听吧，你从我的手里把老爷夺去一直霸着，现在又想骑到我的头上，我是太太，你只是一个偏房，说白了是伺候我的一个丫头。"

柳如是说："我没有和你争过高低，可你也不要逼人太甚，你不把我当妹妹看待，我也不把你当作姐姐来尊敬。"

水秀说："什么姐姐妹妹，我是妻，你是妾，你要明白。"

柳如是站起身来冲着水秀说："没想到你和我会有今天的结局。"

水秀也毫不示弱地说："你后悔了吧，我告诉你，今天这不是我要的结局，真正的结局还在迷雾里。"

柳如是问："你想要干什么?"

水秀说："我想要干什么是不会告诉你的，我要告诉你的只有三个字——我恨你。"

柳如是说："恨吧，再恨你也是我手下的败者，你争不过我，虽然你是太太，可我什么都比你强。"说完，柳如是正要转身离去，水秀一把扯住了柳如是的衣裳，她的冲动是来自身体深处的。柳如是猝不及防，完全没有准备，差一点被水秀扯倒。柳如是以为水秀要打她，她反手给了水秀一个嘴巴，水秀惊呆了，柳如是也惊呆了。

水秀说："你打我?"

柳如是逃出正房，跑回了西屋，扑到老爷的怀里要泼撒娇把水秀如何欺侮自己的丫头，侮辱自己人品的话说了一遍，老爷听了，一时怒气如火，直冲到正屋，见了水秀二话没说，抬起一脚踹在水秀的胸口上。水秀对老爷的心一下冰凉了。

从此水秀和柳如是成了仇人，连各自的丫头都互相对立。

夜里水秀把水燕叫到屋里，解开衣衫，只见碗大的一片青紫。水燕吱吱地吸着气，如蛇一样。她对水秀说："真没想到，老爷对你下毒手。"

水秀抹了一把眼泪说："我不怪老爷，柳如是那个小蹄子不定在老爷的面前说什么坏话，惹得老爷生了我的气。"

水燕说："我知道老太太让我过去伺候柳如是那个小蹄子的意思，老太太是想把我取桃代李让柳如是失宠，也杀一杀她的气焰。"

水秀说："杀她的气焰不算报仇，杀了她才解了我的心头之恨，现在只有你去亲自上阵了。"

水燕说："老爷喜新厌旧大家都是知道的，死去的二姨太太连一个月的新鲜没过，就被抛在一边，一直守了四十年的活寡。"

水燕奉了老太太的命令，来专门伺候老爷。柳如是也看破一些，睁一只眼闭一只眼地由着水燕。其实柳如是早就厌倦了和老爷同居的生活。恰好这个时候来了水燕。

小杏一干丫头也恨水燕，但她是老太太派来的丫头，又没办法。一天正午，柳如是带着几个丫头到后园游玩，回来时水燕和老爷同时穿衣系带。柳如是笑着对老爷说："老爷如果真的喜欢水燕，我去求了老太太把她填过来做了十一姨太太。"

老爷假意生气问："那样你的心里不难受吗?"

柳如是说："老爷本来就是众姨太太的，专宠我一人，也有些不公。"

老爷说："可见你对我没有一丝真心，每日甜言蜜语不过是哄我的。"

柳如是咯咯地笑着说："我是为了老爷，老爷却责怪起我，好好，我今后不操你这个闲心了。"

水燕每天寸步不离地跟着老爷。水秀见老爷外出做事，便打发人把水燕叫来。

水燕一进门说："见过太太。"

水秀说："你我素日都以姐妹相称，现在我虽是长房媳妇，但我们之间还是姐妹，你这些天有些进展没有？我叫你来是想问问你。"

水燕说："太太就是太太，虽然以前你是和我们奴才一样生活着，可是凤凰终要飞上天的，您放心，老爷已经喜欢上我了，也许过不了多久，她就厌烦了柳如是那个死蹄子。"

水秀稍微缓了缓神儿，对水燕说："我们决心要把那个死蹄子赶走，要不终是个祸头子。"

二人正说着，只见柳如是身穿一件红粉色的月纱长衫，一步三扭地走了进来。水秀没来得及说话，柳如是笑着说："水燕不在书屋等着伺候老爷，老爷可能马上就回来了。"

水燕说："老爷说了明天才回来。"

柳如是问："你们俩人在一起干什么呢？我刚才听着你们说什么凤凰了，我想天上飞的金凤凰，地下落个猫头鹰，金凤凰飞过的时候，猫头鹰吃着一只死耗子，吓得发出咕咕的怪叫，可是金凤凰根本没那个意思去争抢死耗子。"说完咯咯地笑着走了。

水秀冲着柳如是的背影呸地吐了一口唾沫说："有你哭的时候，别得意得太早了。"

水燕说："她分明就是骂我们是死耗子。"

水秀和水燕二人合计了一番，匆匆来到东院老太太的屋里。老太太正和几个丫头斗骨牌，水秀进来先端茶倒水伺候了一番。老太太说："怎么不叫上十姨太太一起过来，你是最明白的人，可不要让姐妹之间别扭着。"

水燕说："我们叫了，她不过来，再说我们哪敢和十姨太太比呀，人家骂我们是猫头鹰，她自己比作金凤凰，更可恨的就是骂老爷是死耗子。"

老太太问水秀这到底是怎么回事。水秀眼圈一红，流出泪水来，一边哭一边说："但凡是鸡毛蒜皮的小事我能忍则忍，十姨太太每天打扮得妖妖娆娆，出口便伤人，现在水燕过去服侍老爷，她有些生气了，出来进去出口便骂。"

老太太把骨牌一推说："我不玩了，你们都下去。"

丫头们下去之后，老太太说："我原来是喜欢柳如是这个丫头的，还为了她打了老爷，谁知她是这样霸道。我是一个善人，最恨拿大作怪的人了。"

水秀边哭边说："老太太您也别生气，横竖我都能忍着她，要不是水燕说，我也不提这事了。"

老太太说："你是太太，她再体面，不过是一个姨太太，你哪里能受她的气，等过几天，我把她叫来训斥一顿，这样下去真是没有王法了。"老太太开始恨起了柳如是，她觉得该管一管她了。可是现在精神又不是太好，只等几时把她叫来好好教教她做姨太太的规矩。

三百六十五个循环往复的日子，堆积、流逝、生长、枯荣。这其中要战胜许多困难，如痛苦、孤寂。有艳阳必有风雨，柳如是这位已经十五岁的十姨太太在宰相府中并不是风调雨顺的。府里所有的女人都妒恨着她，她成了宰相府的公敌。生活就是这样，反复无常，如孩童喜怒的脸蛋、如山中变幻的天气。老爷对柳如是对自己的逐渐冷漠感到愤怒，心想：这小蹄子可能嫌自己老了。

水燕没过一年就失宠了，又被老爷退回到老太太屋里。

冬天，已经很冷了，远道而来的冷空气不依不饶地折磨着街头上的乞丐。宰相府的女眷们都穿上了貂皮衣裳，手中握着精致的手炉，准备过冬。就在这个寒冷的冬天柳如是离开了宰相府。柳如是说不清自己上了谁的圈套，是老爷、太太、老太太、三姨太太、大奶奶……总之，她在府中的仇人太多了。她终生难忘那个受辱的夜晚——老爷要听一曲《凤还巢》，柳如是让小棠架起琴，谁知琴弦松动，弹出的声音不脆、不响而是沉闷发颤。老爷一气之下甩了袖子去了太太屋里。柳如是让小杏禀报了太太，让调琴的琴童进来。

夜很深了，丫头们都睡去了，柳如是自己刚要睡下，小杏带了琴童进来，琴童开始上琴调音，三姨太太的丫头来说让小棠和小杏去打几条络子给老太太，柳如是答应了。在琴童调好音后，衣着单薄的柳如是上去试琴，就在这一刻拥进一群人来，大喊着捉奸。柳如是被几个婆子架着来到太太的屋里，老爷冲着柳如是的脸吐了一口青痰说："败坏家风的东西。"不由分说，要处死她。亏得老夫人念她服侍一场，救下性命。最终被卖入妓院。

柳如是连一滴眼泪也没有流，起身到自己的屋里穿上衣裳就走，她明白，这里不是她的家。老太太也被水燕几个人扶着过来，正与柳如是撞了个顶头。老太太用拐杖使劲地敲着地面对柳如是说："难道是我看错人了？你怎么会做出这样的丑事来？"

亏得老夫人念她服侍一场，救下性命，卖到民间。命运残酷地捉弄着她，让她在人生道路上兜了个可怕的圈子。

第一章

逢少年，人生似浮萍流转

第二章

入风尘，家家团扇写风流

明末清初之际，风云突变，王朝更迭，南京秦淮河边虽说照旧是歌舞升平，繁华热闹，但无形中也多了一股慷慨凄怆。而柳如是却不幸地沦为了这风尘中的歌妓。

命运捉弄，沦落风尘

人们习称盛泽是江南的小秦淮河。这儿盛产丝绸，水上交通方便，商业发达，是江南贸易的又一繁华港口，也是江南又一浮华绮靡、酒色征逐的销金窟。

莺湖和它那些交错纵横的水巷相通。水巷两岸，筑有精致的水阁、河房，雅洁的酒楼，独具吴江特色的戏班，舒适的住宅。中外商贾、文人雅士、地主政客、退归林下的官僚，往来这里洽谈生意、会友、论诗作文、纵酒、豪赌、狎妓，寻找快乐，纸醉金迷地消磨日月，成了名不虚传的小秦淮河。

但它又有别于六朝金粉之地的最浮靡奢华的秦淮河，有它水乡独特的色彩和神韵。装点着它的是驳岸、拱桥、水巷、粉墙、蠡窗、水阁。坐在扁舟、画舫里，抬手可得粉墙内伸出的花枝，弯腰就能买到渔夫船上的香脆可口的菱藕，活蹦乱跳的鱼虾，嫩得滴汁的莼菜。这儿开门见水，出门乘船。每当夜幕降临，夜雾会给它披上蝉翼似的晚装，桃红色的纱灯在水阁上晃悠着，把它那玫瑰色的光影映到水上，随着水波的涌动，古镇仿佛也飘逸起来，那别具一格的神韵，把那些诗的、画的、丑的、脏的都淹没了，一切都显得飘忽朦胧了。

大明朝经过天启一代的阉党之灾，国家早已丧失了元气，崇祯帝虽然急于振兴，怎奈痼疾难治，加之用人不当。"索虏"继续侵扰东部疆土；四方灾民，揭竿而起，"流寇"已成为威胁国家安全的大患，国力日益衰败，更多的人对朝政不满，对前途感到渺茫，越来越多的人沉醉于声色犬马，只想在那些没有人身自由的弱女子身上寻找安慰寄托。

她看着灯红酒绿的十间楼一步一步地走了进去。十间楼是秦淮河畔有名的妓院，主人叫秋娘。当秋娘看着一个身穿红色绸缎斗篷的妙龄女子一步一步地走了进来，便起身相迎，她心里明白，她的十间楼最辉煌的时候到来了。一盏清茶下肚，柳如是便将自己的身世和来龙去脉说了个一清二楚。恰巧秋娘也是嘉兴人，从小被拐卖到了青楼，后随养母来到了盛泽。因姿色可观，逐渐成为镇上的一个名妓。随着韶华老去，成为妓院当家之人。秋娘与柳如是互相紧握着对方的手，秋娘说："这事我也不瞒你，我这里不是一个好地方，是一个妓家，就是拿自己的身子，卖给男人们过夜和取乐的地方！你如果走，我为你拿上足够的盘缠，你如果能留下，我尊你为我的上客。"

也就是这夜，柳如是被秋娘的话语打动了，这个举目无亲的世道上，还有这样慷慨侠义的女人。柳如是认真地听着，自己的心也随着沉重起来，犹如一条条涓涓的溪流灌入心窗，那是难得的泪水，那是感慨万分的泪水，在她的心脉中迂回地流淌起来！柳如是长叹一声："这……唉！我若留下，岂不成了被人看不起的娼妓，纵然暂时有个栖身之处，到将来不是落得个门前冷落车马稀，老大嫁作商人妇的下场!"

秋娘听到她会讲出这样引用前人诗句的话来，既感到惊喜，也感到吃惊。她再次亲手为柳如是斟了杯茶说："好孩子，你倘若愿意留下来，我一定尽心调教和培育你，绝不会让你以后有那样凄楚的结局。你有学识和才华，你也明白唐朝的李亚仙，不也是妓女出身，到后来嫁给郑和，成为了皇封诰命的一品夫人；宋朝的梁红玉，也是出身娼门，成为一代巾帼英雄。我从你所述的经历中，就可见你的为人至诚，你现在举目无亲，又是寒冬腊月，我们是同乡，你失去了童贞，又无端受辱，以后你就当我是亲生母亲，我绝不亏待你。"

听着秋娘的话，怎么听怎么感到亲切，怎么听怎么感到感人肺腑。她对秋娘说："既然您如此有诚意，我就留下了。"秋娘请了名师来调教柳如是，教她吟诗作对、吹箫弄曲、轻歌曼舞。柳如是本来就聪明，再加上周道登给她打下的基础，现在经过师傅一点拨，很快就样样精通了。

柳如是年方十五、天生丽质、秀色可餐。但是经过沧桑的她变得沉稳、清雅。秋娘多次带她出局，她只是坐在一旁，叫她唱，她就唱上一段，但遇到过多次轻浮男儿调戏于她，她却柳眉倒竖、冷若冰霜、不苟言笑，人们背后起了雅号"冷面美人"。柳如是并非冰冷的人，她其实也在暗暗地下决心，广泛结交，从茫茫人海中寻觅自己的知音伴偶，以托终身。

秋娘虽对柳如是很好，但她毕竟是娼妓出身，最现实的事就是留下柳如是大把大把地赚银子。秋娘以柳如是为"宰相的宠妾"为标榜，大肆宣扬。兼之柳如是写得一手好字，诗才已有一定的影响。尤其她有一副音质醇厚流畅引人的金嗓子，善唱绵软的昆曲，演唱起来比当地的旦角还强百倍。秋娘为她买来四个小丫头服侍，打了几套纯金首饰来撑门面，这样，她身价顿增，轰动了一方水土，开始挤进了江南名妓的行列。慕名而访的络绎不绝，来访者不惜重金，听她的曲、求她的诗、讨她的字。真可谓：五陵年少争缠头，一曲红绡不知数。

风尘女结交黄衫豪客

秋娘花了她所有的积蓄，装饰门庭、书斋、客厅和卧室，揭下了"秋娘寓"的粉红小牌，换上了"如是寓"的镏金竖匾。秋娘宅邸，顿时火红起来。柳如是开始周旋在官僚、地主、名士、阔少……之间，和他们唱酬游乐，为他们侍酒、弹琴、度曲。好事者为她们归家院十间楼编了支歌：

柳荫深处十间楼，

玉管金樽春复秋。

只有可人杨爱爱，

家家团扇写风流。

随着这支可诅咒的歌的传扬，商贾、土财主、轻薄儿，像苍蝇似的嗡上门来。虽说秋娘还算爱护她的，可是，这种生活却叫她难以忍受。她感到自己就像一棵生长在棘丛中的小树，要活活被藤蔓缠死了。她希冀改变自己的命运，曾有过在风尘中寻夫婿为归宿的一闪念，倒也有不少人愿以重金聘她出去。可是，她又觉得他们不会理解她，也不会真正爱她，只不过他们有钱，想把她当作一件物品占为己有，一旦玩腻了，下场就会像浔阳江头的商人妇，或者干脆被弃敝碣样丢弃路旁。周府的屈辱，像刀刻般镂在她心上，她再也不愿重蹈小妾的旧路。垂虹之行，在她迷

柳如是男装像

蒙彷徨的心中掀起了狂澜，使她的思求有了转折。这得感谢被称为黄衫豪客的徽商汪汝谦然明先生。

那天，他专程来看她。他们一边品茶，一边闲聊。他喜欢广交天下名士，向她谈起了他的许多友人，还向她推荐了被士子称为当今李杜的钱谦益，说他如何如何有才，如何如何仕途不济，后来他像突然想起了

什么似的问她："柳如是，想见见当今大名士张天如吗？"

她立刻联想起她读过的、至今仍如刻如镂在心里的张先生编纂刊刻的《汉魏六朝百三名家集》，她曾经抄摘过集中那些丹心照日月、气可吞山河的壮丽诗篇，她曾经试着把抄录的诗汇成一册华夏正气歌。她很久前就崇拜他，向往结识他，她的心不由得激动起来，说了她的愿望。

他又说张溥先生力主改革，思求振兴国家，正在串联全国文社，准备复合成一个全国性的大文社——复社，动员全体文士来关心国家兴亡。他就要到垂虹亭来会见诸文社领袖，磋商文社联合事宜。最后他说："天如先生托话于汝谦，欲请爱娘（柳如是当时用名）去一见，届时，你可千万别错失良机呀！"

她在焦虑和急切中等来了那次会见。

她在垂虹亭畔上了岸。那日她着意地打扮了一番。

杏红色的薄绸女衣，紫花绒衬里，下着八幅紫绒绣花湘裙，湘裙里面是半指大小的桃红绣鞋，乌亮的秀发轻轻往上一绾，流荡着春光，梳成了一个流行的雅式堕马髻，款款地垂在脑后，没饰过多的珠翠，只在髻边斜插着一枝金嵌红宝石的杏花簪，淡雅端丽。细长的柳叶眉儿微微颤动，长长的凤眼，有似两泓甘洌的清泉，流溢着波光，俊俏的面庞，荡漾着青春的异彩，仿佛有一缕淡淡的雨雾，袅绕着她的面庞。

"……'建房'猖獗，民不聊生，无处不见鬻儿卖女，导致'流寇'蜂起，我大明江山形同沙丘上之楼阁，朝政势在变革！我辈国士丈夫，为国分忧，义不容辞。天如兄忧国虑民，倡导文社联合，几社社友聚议多次，全力拥护。只要广大士子戮力同心，大明中兴有望，国民乐业平安有望也!"

她静静地伫立在细竹帘外。她除了在诗文中读到过如此热烈的文句,这还是第一次亲耳听到的慷慨激昂之言,她那年轻人的青春血液荡起了波澜,搅动了她潭水般的心脏,感到有股新鲜的血液注进她心中。她希望再听一会儿,多听一点。书童欲上前去掀帘子给她通报,她却轻轻地拽住了他。

透过细如薄纱的竹帘,她偷看了一眼刚才说话的人。一个英俊青年,约莫二十五六岁年纪。海蓝色方巾,湖蓝提花茧绸直裰,斜倚着湖窗,面对着众人。他浓眉方脸,微黑的肤色,略厚的双唇,洋溢着一股青春神采,又兼之有淡淡郁悒流荡在脸上。只要看上一眼,就能给人留下笃厚和可信赖的印象。

"华亭才子陈子龙!"书童悄声地对她说。

"卧子兄所见极是,文社联合势在必然,联则合,合则势,质社赞同合诸文社为复社。"

"庄社全力赞同!"

"既然诸位文社领袖一致赞同张溥陋见,复社成立大会定于明年今日如何?"

"我家相公。"书童又悄悄对她说。

有人带头击起掌来。

"承蒙诸位鼎力支持。明年三月二十八日在虎丘召开复社成立大会。请诸位转告社友,届时出席。"

"明年的大会,该给钱虞山发个请柬吧?他乃东林仅存的领袖,在士子中颇有召唤力。"有谁提议。

"当然!"张溥答道。

大家又七嘴八舌地议论起来。不少人同情这位钱公的屡遭失败,希望他再度出山,辅佐朝廷。

柳如是会神地听着,他们说的那个钱虞山就是钱谦益,因他世居常熟虞山,人们惯常这样敬称他。她听汪汝谦说过,他们是朋友。

她意识到他们的正事已经议完,此刻进去不会打扰他们了。她示意书童去通报。

"爱娘请进!"

书童打起帘子,张溥站在门里,朝她抱了下拳。

"柳如是拜见张大人!"

她向张溥施了一礼。就像那刚刚绽蕾的春花,充溢着青春的魅力。她的脸俊美得令人惊叹,瓜子形,白净细嫩,新月似的娥眉下,一双顾盼流情的眼睛,高雅的前额,小巧含笑的双唇。厅内仿佛突然为之一亮,吸引了所有的目光,他们被美镇住了,厅内出现了个突然的宁静,仅仅片刻,随之就热烈雀跃起来。大凡男子都有一种本能,喜欢在标致的女人面前表现自己吧。

张溥击了下掌,说:"爱娘不辞辛劳,远道赶来给诸君助兴,诸位看看如何乐法?"

厅内又热烈争论起来,有如暮鸦噪林。唯有子龙低头不语,不时向杨爱偷瞥一眼。在她进门的一瞬,他只觉得心里突然一阵悸动,不敢正眼去看她,他自己也闹不清,这是为什么。

"卧子兄!"张溥走到陈子龙身边,拍了下他的肩膀:"你出题呀!"

"啊……好好。"子龙微微一震,他的脸泛起了微红,以为张溥窥见了他的慌乱,尴尬地笑了笑,"垂虹名胜天下闻,我等有幸欢聚于此,且宜开怀畅饮。依子龙陋见,今朝所言所议,所歌所笑,一应题目,皆与垂虹有因。言之有脱,歌之有舛,罚酒三杯,兄意如何?"

张溥告诉书童,传话酒保,摆席上菜。

酒菜立即上了桌面,书童将七弦古琴安放在琴几上,柳如是轻拨琴弦,低声伴唱着:旧时月色,算几番照我,梅边吹笛?……

江国,正寂寂。叹寄与路遥,夜雪初积……

乐声有如雪中笙鹤,飘飘仙逸。公子相公们未饮先醉,擎起的酒樽,不觉放了下来。他们在这清婉的旋律和淡淡忧悒中,不觉产生了一种时空倒置的错觉,忘情地弓起食指在餐桌上击着节拍,仿佛座中的歌者就是四百年前吹奏《暗香》《疏影》的小红。

音符消散在梁柱间,空气里,水面上,花丛中……

好久好久,他们仿佛才从四百年前那个雪夜醒来,睁开眼睛,望着柳如是,怎么也难以相信,妙乐仙音是从面前这个娇小女孩子的指尖和声带中震颤而出的!刚才他们惊叹于她的艳,现在又惊服于她的才艺了。

"请!"子龙离开了座位,过来邀她入席。她竟一点不怯场,落落大方地坐到他让给她的座位上。

家童给她筛了满满的一杯酒。她端起酒杯,依次给他们敬着酒。

几杯酒下肚,他们又耐不住寂寞了。有位相公说:"我有一联,求配下联。"

"以何为题?"另一个问道,"有悖章程,可要受罚的!"

"不会不会! 我以这有来酒馆为题。上联是:'有酒有酒。'"他得意地捋着八字短须,问:"如何?"随即将目光移向杨爱说,"爱娘,你对好吗?"

柳如是抿嘴笑了笑,似乎是不假思索地随口对道:"来尝来尝。"

"妙哉! 妙哉!"公子相公一齐欢呼起来。

漪窗外,是金黄的菜花、柔嫩的柳丝、淡蓝的湖水,垂虹桥像它的名字那样,有如一条彩虹,临架在吴江上。

她仿佛看到了一种冀望! 漫漫长夜后的曙光,她混沌的思绪明晰了,她应该到广阔的天地间去求索、闯荡、寻觅,寻觅一个理解她、真正爱她的知己,忧国忧君、思求报效国家的当今志士。

缘起风流女弟子

阿娟向李相公打听了陈相公住址。待问也询问了他们船停泊的地方，约好晚间同子龙一道去看望他们。

太阳下山、月亮还未上来，大自然出现了那么一会儿朦胧，千般色调，万般神韵，仿佛都寓于这一瞬之中。

柳如是正坐在这黄昏的光影里等待着他们。她脱去了直裰，盘起了一个堆云髻，只插了一枚嵌珠的簪子，略施了点脂粉。她喜欢淡雅的色彩，穿了一身象牙色薄绸滚花白边的女衣，月蓝色衬里，下着米黄色绣花湘妃裙，脚上换了同一色洒花绣鞋。她像一朵刚刚绽蕊的南国白兰花，淡而雅，香不郁。

阿娟进来禀告："两位相公来了。"

她迎到前客舱。在摇曳的烛光里，她像一片饱吸了晨曦的云，飘了进来。这是怎么回事？他们被她的美震惊了！莫非遇上的是个稀世尤物？他们不知所措地向那朵云施了礼。

子龙的思绪倏地飞落到垂虹有来酒馆。莫非她就是弹奏姜白石的

《暗香》《疏影》的柳如是？他的心突然怦怦乱跳起来，眼前闪起那日的情景：

她轻挪莲步，出现在湘妃细竹帘边，有如洛神凌波而现，整个餐馆忽然为之一亮，顷刻吸引了群子的目光，他脸热心慌。

一双纤巧的手，轻抚在古琴上。蓦然，清婉、幽远的乐曲，仿佛是溪泉那样流淌在她指尖。

子龙神颠了，意醉了。啊，杨易柳，隐去爱，（柳如是本名为杨爱）如是而已……绝妙至极！是她，是她！怎么在同里没有认出呢？他怔怔地看着她。

柳如是请他们坐下，便双膝跪在李待问面前说："存我先生，学生不才，有污先生大名，柳如是这里向你请罪了！"

李待问还存惶惑，慌忙起身，想去扶她起来。他的目光不觉落在她的云髻上，突然像被什么蜇了似的缩回了手，说："不知如何称呼你了，快请起来！快请起来！"

柳如是仍然低着头说："叫我柳如是，或唤柳生吧。小弟向往生为男子，也常以须眉自诩呢！"

原来如此，待问仿佛明白了点什么，连忙说："柳兄，请起，请起！"

柳如是仍然跪着："弟为寻找先生，方出此下策，有污先生书誉。"

"柳兄蔑视流俗，敢于戏弄人间，为待问所赏慕。况且兄之书艺亦不逊于我，不必过谦。请起！请起来呀！"

子龙说："既然存我兄已表谅解，这就算不了什么了。说来应怪我疏忽，未告柳兄我俩住址，让柳兄找得好苦，子龙应请柳兄多多包涵才是。请起吧，这样反叫李兄不安了！"

柳如是款款站起身："存我兄，听阿娟说，嫂夫人非常贤德，请代柳如是向夫人致谢。"

待问笑着摇了下头："先别忙着道谢，贱内若知道柳兄是个女扮男装的假男儿，怕是也要打破醋缸呢！"

柳如是两腮顿时飞起红云，她连忙转身从阿娟手里接过茶，放到他们的面前。刚才的尴尬，在瞬间也就过去了。他们又重新坐定，叙谈起来。

他们谈话从时势的变迁慢慢转向了虎丘集会。

这个话题，使子龙兴奋，他对文社联合将产生的影响，非常乐观。他认为这是国家将由颓衰走向强盛的转折，只要广大社友戮力同心，"建虏"可退，"流寇"能除！国家振兴有望。他有他的依据，合并的中州端社、莱阳邑社、浙东超社、浙西庄社、黄州质社、江西应社和他们几社等十多个文社，无不拥护会议的宗旨，东林元老钱谦益、吴梅村也到会祝贺，受到社友的欢迎。文社声气遍天下，使那些下野，或者还握有权柄的奸党、禄蠹，闻之胆惊！子龙也看到文社组织的局限和复杂。这些合并的文社，它们各具历史和宗旨，社事又有相对的独立性，成员也极其复杂。虽然都系儒生，但入社的目的各不尽同。他们中有与阉党不共戴天的东林后裔；有一心想施展才华、报效国家的志士。可是，在文社风行，参加文社趋赴恐后的潮流中，也不乏攀龙附凤之徒为着一己之利钻营入社，用以博个"清流""君子"雅称；有的则想借以依附一方势力，显赫自己的身份。

柳如是暗暗钦服子龙的独到见解，也拨开了游离在她心头的疑云。看来他已知道了她的真实身份，但他不避弃她，把她当作一个关心国事的盟友相看。这种信赖和尊重，使柳如是深受感动。她忍俊不禁地把她如何追寻他们到了苏州，如何独自寻到虎丘以及路上的见闻一一叙说，感叹着："盛况空前，衣冠盈野！"

原来她也去了虎丘！还倾注了如此的热情。她绝非为赶热闹。这真是个不能叫人理解的怪人！

待问不觉茫然：面前这个忽男忽女、胆大包天、行踪诡秘的美貌女人，像谜一样叫他不解，她是何等人物？她绝非大家闺秀，亦非小家碧玉，可她言谈举止高雅，莫非……

子龙也有迷惑之处：她为何不在盛泽？为何女扮男装出游？而今，又为何在他们面前显出女儿本色？他从未见到一个女人如此关心政治，她为何对文社的活动如此感兴趣呢？他们萍水相逢，她竟敢假冒存我的大名卖书找寻他们，哪来如许勇气？这可是惊世骇俗的举动啊，她是来闯码头抑或是……男人啊男人！他们决不容忍自己的妻室越出女规一步，却喜欢欣赏别的女子的风流！子龙试探地问："请问柳兄，打算在敝地久住还是暂住？"

柳如是不敢贸然道出她心中最隐秘的那角。过了好一会儿，她才说："还没定呢。"说完，凄然一笑。室内的空气突然变得沉重起来。

子龙懊悔不该提出这个问题，也许正中了她的隐处，引起她的悲哀。他有些不知所措，如坐针毡。

"我来给你们解谜释惑吧!"柳如是站起身。她早就看出他们的惊疑,自我嘲弄地笑了笑,说,"二位兄长可得小心,我可不是个三从四德的女人!"她嫣然一笑,是那么坦然。接着,她毫无保留地把她的遭遇、不幸和反抗都倾吐了出来,"跟我这样一个女人称兄道弟,岂不有污二位的清名!"

"柳兄!"子龙、待问几乎是同时叫了一声。他们被柳如是坎坷不幸的身世打动了,为这样一位奇女子误落平康、漂泊江湖而惋惜,他们同情地看着她说:"快别这样说!"

柳如是又是一笑:"多谢二位。我不甘称奴称妾,不甘于那种生活……"她跟他们叙说她向往的一种全新的生活,爱她所爱,想她所想,为爱而生,为爱而死的自由幸福生活。她又似自语地说:"一个遥远的梦!可要为这个梦去竭尽全力。"

这是一个多么幼稚的幻想啊!他们目瞪口呆,可他们不能刺穿她的梦幻,只有安慰她。

子龙说:"只要柳兄不弃,就在敝邑驻足吧!子龙尽力相助。"

待问也说:"有何困难和不便之处,尽管告诉一声。"他像突然想起了什么似的,"如不嫌弃,我的名字,你还可以……"

柳如是立即打断说:"多谢二位兄长。小弟虽然运途多舛,并不沮丧。流水不竭,小舟就不会搁浅。"

初秋的松江之夜,颇具寒意。一弯新月,宛如一片白玉兰花瓣,又如一叶扁舟,静静地卧在白龙潭青绿的水底,似要沿着她的道路航行。

子龙看看窗外,说:"柳如是,你无须客气,更不要有所顾虑,有困难尽管坦率地说出来，出外靠朋友嘛!"说着就站起身，"我们准备在适当时候，邀集社友在龙潭精舍为你接风洗尘，你可以会到云间更多的人物，待筹备就绪，就来请你!"

待问也跟着站起来说："实现我们作竟日游之约!"

柳如是高兴地回答说："多谢兄长厚爱。柳如是改日再登门拜谢!"

子龙忙说："这就免了吧!"

柳如是执意地说："不可，不可，来而不往，非礼也!"

子龙、待问相对看了一眼，笑了。

第三章

初尝爱，无言的结局

　　明清之际，云间文学繁盛，得力于九峰三泖"江山之助"，还有那柔波弦歌的"裙屐遗韵"。然而，纵使佳话争传，各有风流，但亦有幕幕难了的悲剧上演。宋征舆和柳如是，一个是著姓望族的翩翩公子，一个是飘零无依的风尘佳人，他们的感情或许从开始就注定是一场无言的结局。

邂逅眉公宴

宋徵舆出生于云间名门望族，聪敏好学，年未弱冠就已名噪乡里。陈子龙年长他十岁，才高气盛，但对辕文刮目相看，把他视作忘年知己。宋辕文当时也和陈子龙、李雯并称为"云间三子"，才学著称于世。

崇祯五年 11 月，陈继儒在晚香堂举办 75 岁寿辰。老寿星红光满面，笑声朗朗，招待着满座高朋。那一夜，江南一带的俊士鸿儒，才媛丽姝济济一堂。陈子龙、宋徵舆、李雯、李待问几位云间才俊在席间谈笑自如，或稳健儒雅，或洒脱倜傥，十分引人注目。这时，一个清丽的身影，盈盈现身于宾客间。她款款走向陈眉公，奉上自己所写的寿诗，谈吐落落大方，俊逸脱俗，令眉公啧啧称奇，几社文人也都为之侧目。

见"他"一身兰缎儒衫，青巾束发，白色的长衫衣袂飘飘，举止洒脱，仪容清秀，手拿一把折扇，真是一个俊雅书生。午后有些寂静，庭院里静悄悄的。这时子龙在家里面休息，不知道突然闯进来一个风流倜傥的公子是怎么回事？这人还假冒他的名字，卖字于街上，好大的胆子！一看到"他"的字，他突然气消了——竟然把他的字模仿得惟妙惟肖，不但形似，更为神似，想必其书法修养定非比寻常。

看到他人物风流，举止典雅，更觉得不可多得的人才。

"你是？"

"公子真是贵人多忘事！在下柳如是。"

这个女子便是柳如是。柳如是自幼被卖到吴江盛泽归家院当了婢女，幸而得收养她的鸨母悉心调教，自小甚通文墨，善弹晓吹。十几岁，前内阁大学士周道登纳她为妾，但她却不幸被周氏妻妾陷害，最后机缘巧合之下，柳如是来到九峰三泖，正好赶上了陈眉公的寿宴，便邂逅了几位云间才子。

他突然想起，那天一个女子翩然而来，轻移莲步，微微施礼如一朵水莲花般欲开还羞的模样。她落落大方地坐在琴旁，轻抚瑶琴，轻灵，优美，温柔，如清晨洒下的阳光淡淡地笼罩下来。

她轻唱的声音清纯亮丽，她缓缓移动的莲步如月移花影，她缥缈的身影翩若惊鸿……

"柳……"他一时不知该如何称呼。

她一揖到底请求陈先生原谅她的冒昧。

她只想在"清流"中找到一个志趣相同的朋友做知己。

子龙准备的接风宴上，名士风流不计其数。她依然男装打扮——白润的肌肤，光洁的额头，高高束起的发辫，却更加显得柔媚中一丝英挺之气。

席间他们品茶，饮酒，谈文论诗。他们一致请她抚琴一曲，她亦不推辞，洒洒拱手，弹了一首曲子，声调哀怨，如泣如诉。她想起自己辛苦的经历，半生飘零，泪水伴着琴声哗哗流淌。

席间一个英俊的少年一直目不转睛地看着她。

一曲终了。她端起一杯酒一饮而尽。

因着今日的相逢，因着身世的感伤，她的心里郁郁着无法言说的情节。

世事如棋，她自己也想不到短暂的相聚竟然邂逅了一个少年，开始了一段刻骨的恋情。

这次寿宴之后，柳如是凭其绝色和奇才名声鹊起，她轻乘一叶扁舟，游弋于湖山间，在松江一带往来。高才名辈都争相一睹风采、一和诗韵。

宋徵舆等人就常常结伴来到她舟中，跟她一起饮酒赋诗，游山赏水，听她或浅吟低唱，或慷慨豪论，看她衣袂翩飞，袖舞回风。柳如是与他们即席唱酬，和韵步诗，她的绝色天丽与敏捷诗才相叠，更加倾倒众生。

彼时，宋徵舆就已倾心于她，为她写下了著名的诗篇《秋塘曲》，将柳如是的风神意态刻画得栩栩如生。序云："坐有校书新从吴江故相家流落人间，凡所叙述，感慨激昂，绝不类闺房语。""校书婵娟年十六，雨雨风风能痛哭。自然闺阁号铮铮，岂料风尘同碌碌？"凛凛有大丈夫气，不同凡响，此乃柳如是的传神写照。"陈王宋玉相经过，流商激楚扬清歌。妇人意气欲何等，与君沦落同江河。"柳如是无礼法之拘束，与几社文人从容酬唱，让宋徵舆最为欣赏。

情定白龙潭

明季的云间城中，白龙潭是一处游赏胜地，潭广十余顷，花晨月夕，柔波荡漾。施蛰存在《云间语小录》中就曾论及明末白龙潭的盛景："每春秋佳日，画舫笙歌，惊莺织燕。端阳则龙潭竞渡……鼓吹鼎沸，船上岸上，百戏纷呈，耳目不暇款接。"又有来自苏杭各地的官舫贾舶，停泊在潭中，"迎客送宾，自然繁会"。"余尝读明清郡人咏龙潭之诗，而有慕于承平时裙屐风流之胜。""迄于明清之际，则龙潭画舫，具体秦淮，山馆笙歌，居然金谷。杨影怜（即柳如是）、王微、张婉……并玉貌俊才，蜚声赵李，袖光照座，隽语粲人，歌啭遏云，舞衣回雪。"

那天早上天刚蒙蒙亮，宋徵舆就悄悄溜出了府门，因为他知道柳如是的画舫，此时正停在城西的白龙潭上。一湾明晃晃的湖水横在眼前，白龙潭到了。而今时间尚早，湖边连个人影都没有，湖面上一片迷蒙，此时正值寒冬腊月，北风凛冽，清寒的湖水无精打采地拍打着堤岸，几株衰柳立在瑟瑟寒风中。宋徵舆抬眼向湖上望去，一眼就认出了柳如是的小舟，他冲着那叶小舟，大声呼唤柳如是的芳名。

柳如是隐约听到外面的声响，微微卷起帘栊向外张望，瞥见宋徵舆站在岸边。在与她交往的几社文人中，宋徵舆是最年少的一个，且出类拔萃，她对宋徵舆本也有好感，但为了一探他的诚意，她决定设下"关卡"，先行考验他一番。于是她将贴身侍女叫到跟前，轻声叮嘱了几句……

侍女心领神会，拨开帘子，从船舱里缓步走出，迎着在岸边苦等半天的宋征舆，笑吟吟地说道："宋公子，我家姑娘说你要是真对她有意，就当跳进湖中，游上船来。"所谓伊人，在水一方，纵使跃入寒潭，试水寻她，又有何妨。宋徵舆不做丝毫犹豫，就纵身跃入潭中。当时正当隆冬季节，天寒水冷，宋徵舆在湖中衣服浸湿，脸色刹那铁青。柳如是在窗后注视着这一切，一下子被宋徵舆的痴情所打动，赶忙令篙师把船撑到他身边，把他拉上了船。

寒冬跃潭，诚意尽露。自此以后，柳如是和宋徵舆感情日好。宋徵舆为柳如是写下过许多动人的诗篇，他的诗词集《林屋诗草》《幽兰草》中咏"柳"佳句俯拾皆是。《林屋诗草》卷六《柳絮歌》中就有"江南垂柳春作花，花飞茫茫白日斜。十二高楼美人立，风里飞花见颜色。珠帘如云面半遮，遥对长条三叹息"。诗中咏柳，其意何尝不是恋"柳"，透过纷飞的柳絮和玉立的"高楼美人"——诗里自有一个纯情才人。

云间三子早年就有"斗词"的游戏。云间三子同堂唱和，就是由宋征舆发起的。宋征舆用情之诚挚，体验之深刻，措词之俊美，颇得花间南唐北宋的意趣。在陈子龙为三子合著的《幽兰草》所题写的序中，便能窥知其中的美学渊源："或秾纤婉丽，极哀艳之情；或流畅淡逸，穷盼倩之趣。然皆境由情生，辞随意启，天机偶发，元音自成。"

宋征舆的《凤想楼词》收在《幽兰草》中的第三卷，一首《浪淘沙·忆昔》写尽春恨秋悲，"柳色暗金沟，换尽春秋"，同样是望穿秋水，伤"柳"思人。"不见木兰船上客，镇日凝眸"，似乎就是白龙潭爱情考验的生动写照，俨然是一日不见，如隔三秋的缠绵情致。

少年才子宋征舆评论柳如是的诗："凡所论述，感慨激昂，绝不类闺房语。"才女写诗有几人不做闺房语，古今屈屈几人。谢道韫、李清照还有鉴湖女侠秋瑾。这几人乃"散朗"之人。散是豪放不羁，朗是开朗。

斩琴绝恩义

花开不复久，好景难常有。他们交往的消息传到了宋母耳中。宋夫人如何能忍受儿子与游妓交往，她怒不可遏，把宋征舆叫到房中，罚他跪下认错。"母亲大人明鉴，柳如是从未费儿钱财。"宋征舆还想据理力争。

"你难道已经鬼迷心窍了吗？如果她只图你钱财又有什么关系，给她便是。但是，她要的不是你的财，她要的是你的命！"宋夫人说着说着，声泪俱下。宋征舆一向对母亲言听计从，眼下哪有一星半点的勇气反驳？他唯唯诺诺地低下头，一个劲地承认自己不孝。

迫于家庭的压力，宋征舆拜访柳如是的次数越来越少，柳如是只得独守空房，望穿秋水。

偏偏这时祸不单行，传来了松江知府方岳贡驱逐流妓的消息，柳如是闻之顿时犹如五雷轰顶，她只是盼望宋征舆此时能出面扭转乾坤。他总会多方奔走，疏通门路吧，以宋家在当地的显赫名声，方知府总会给他这个面子的，想到这里她火速派人去请宋征舆共同筹划。宋征舆如约前来，却低头沉默良久，缓缓答道："我也没有什么好办法，你还是暂时躲一躲吧。"柳如是呆呆地望着他，面色苍白，一字一句地说："别人说这话不足为奇，你却不应如此。从此以后，我与你恩断义绝！"说完，亮出倭刀向桌上的古琴砍去，七根琴弦轰然一声哀鸣，瞬间断为两截。

史料记载：柳"案置古琴一张，倭刀一口"。试探地问宋才子："为今之计，奈何？"宋犹豫了半天才答道："姑避其锋。"柳听到这话，大怒："他人为此言，无足怪，君不应尔。我与君自此绝矣。"话音刚落，"持刀斫琴，七弦俱断"。

宋氏家族是云间的著姓望族，儿女婚姻自然讲究门当户对，宋征舆能做的只有"克己复礼"，他和柳如是的爱情终究只能是一个无言的结局。

二人分手以后，柳如是又经历了一段感情——与陈子龙相爱，然而他们的关系依然难容于世。柳如是最后花落虞山，嫁给了明朝文坛领袖钱谦益。而宋征舆对柳如是久久不能忘情。《林屋诗草》卷十二《病蝶》五言绝句云："病蝶飞难去，犹寻梦里花。作书问莺燕，春色在谁家。"以"病蝶"自比，正是花不恋蝶，蝶恋花。卷十四《折杨柳》云："杨柳春深十二楼，青青垂影照金沟。空留一树花如雪，飞入长门起暮愁。"诗中"柳影"二字，乃是柳如是的另一芳名。无论是有意还是无意，都足以表明他对柳如是的眷恋之深。

对于这段逝去的感情，宋征舆始终耿耿于怀，甚至在《林屋文稿》卷十五《列朝诗集》中，针对钱谦益，出言痛诋，抓住"列朝诗集"这个名字大做文章，说"钱既为学士，北面受禄而归"，却"设此疑贰之名"，意思说钱氏乃是心怀异志，乃是对清廷不忠，有欲陷钱谦益于文字狱之嫌。

陈寅恪在《柳如是别传》中评说："辕文（宋征舆）自失爱于河东君（柳如是）后，终明之世，未能以科名仕进，致身通显。明季南都倾覆，即中式会试，改事新朝，颇称得志，而河东君则以久归牧翁，《东山酬和集》之刊布，绛云楼之风流韵事，更流播区宇，遐迩俱闻矣。时移世改，事变至多，辕文居燕京，位列新朝之卿贰，牧斋隐于琴水，乃故国之遗民，志趣殊途，绝无干涉。然辕文不自惭悔其少时失爱于河东君之由，反痛诋牧斋，以泄旧恨，可鄙可笑。"陈寅恪对宋征舆的这一行径痛下了贬笔。然而，宋征舆出身世家，性格软弱，但他对柳如是用情之真，却是不争的事实。失去柳如是，毕竟是他一生的心痛。

背后的男人——宋征舆

宋征舆字直方，一字辕文，江苏华亭人。生于明神宗万历四十六年，卒于清圣祖康熙六年，年五十岁。顺治四年进士。官至都察院左副都御史。征舆为诸生时，与陈子龙、李雯等倡几社，以古学相砥砺，故所作以博瞻见长，《四库全书提要》云："征舆为诸生时，与陈子龙、李雯等以古学相砥砺，所作以博赡见长，其才气睥睨一世，而精练不及子龙，故声誉亦稍亚之云。"有《林屋文稿》十六卷，诗稿十四卷，《四库总目》传于世。

据野史笔记传说，宋征舆十六岁时与当时名妓柳如是相恋，因当时松江知府方岳贡下令驱逐外地来的"流妓"，柳如是因之前是苏州人氏，处于被驱逐对象，因此找宋征舆商量，宋性格软弱，建议"姑避其锋"，柳如是大怒，与其断绝关系，陈寅恪《柳如是别传》采用了这个说法，但是未知是否确凿。这个说法虽然是野史，却不断被研究柳如是和宋征舆的学者当作史实用以支撑自己的研究。

宋征舆词选：

小重山

春流半绕凤凰台。

十年花月夜，泛金杯。

玉箫呜咽画船开。

清风起，移棹上秦淮。

客梦五更回。

清砧迎塞雁，渡江来。

景阳宫井断苍苔。

无人处，秋雨落宫槐。

踏莎行

锦幄销香，翠屏生雾，妆成漫倚纱窗住。

一双青雀到空庭，梅花自落无人处。

回首天涯，归期又误。

罗衣不耐东风舞。

垂杨枝上月华明，可怜独上银床去！

忆秦娥杨花

黄金陌，茫茫十里春云白。

春云白，迷离满眼，江南江北。

来时无奈珠帘隔，去时着尽东风力。

东风力，留他如梦，送他如客。

蝶恋花

宝枕轻风秋梦薄。

红敛双蛾，颠倒垂金雀。

新样罗衣浑弃却，犹寻旧日春衫着。

偏是断肠花不落。

人苦伤心，镜里颜非昨。

曾误当初青女约，只今霜夜思量着。

玉楼春燕

雕梁画栋原无数，不问主人随意住。

红襟惹尽百花香，翠尾扫开三月雨。

半年别我归何处？

相见如将离恨诉。

海棠枝上立多时，飞向小桥西畔去。

第四章

兄『弟』恋，只是有缘无分

　　柳如是平时喜欢"幅巾弓鞋，着男子服"，同文人名士交往时，常自称为"弟"。然而，她与陈子龙这段悱恻缠绵的爱情故事，一开始就注定了要以悲剧收场。他们之间的感情不管多深，也只能被放浪不羁的士大夫们看作才子佳人之间的一段风流佳话。

人生长恨水长东

误入桃园误醉酒，

错将鱼目作琼玖。

纵然借得三湘水，

也难洗我今世羞。

　　陈子龙自得知知府大人要驱逐柳如是的消息，就被一种忐忑不安的情绪裹挟着，是为就要失去一位高雅的游侣而懊丧呢，还是为柳如是未来命运担忧，抑或还是别的？他也说不清。他既希望徵舆能在这关键时刻，做出保护柳如是的决断，也愿意自己能为柳如是留下来出些力。他放下一切事，去同她商讨怎样对付这个驱逐令，在柳如是的书桌上他读到了这首诗。

　　船伯愁容满面地告诉他："这孩子不知中了什么邪！早上喜滋滋地请来了宋公子，却又气愤愤地砍断了琴弦。饭也不吃，就一个人出去了，我让阿娟和阿贵去寻，到这个时辰还没回来。"船伯沉重地叹了口气，"陈相公，请你劝劝她吧！她就听你和李相公的。"

早在柳如是匆匆去城里寻找徵舆的时候，子龙就有预感，他们的姻缘，很可能要成为水里月，镜中花，将以悲剧结束。那时他怕她受不了，示意存我转了个弯，他又亲自去找徵舆谈了，劝他把男子汉的勇气拿出来，徵舆这才敢违背母命偷偷来见了她。他为柳如是抱不平，也恨这人世不公，偏偏要将许多苦难压到她身上。不用解释，只要将知府的驱逐令和这首诗联系起来，他就明白了，猜出发生了何等事。一种不测的预感，像一簇火焰，烧炙着他的心。他担心她受不了这个打击，会在对人生绝望以后，轻率地做出什么决定，这更增加了他的忧虑："我去找找看！"

他离开了白龙潭，一连跑了好几个他认为柳如是可能去的地方，然而，都使他失望了。他又累又急，她到底上哪里去了呢？莫非已经……想到这儿，柳如是那令人迷醉而又叫人不敢冒昧亲近的微笑；那种清辩如流的侃侃谈吐，横溢的才华，毫无躲闪的坦率和丈夫似的爽朗；还有那种聪明的调侃，恰到好处的诙谐，和那令人哭笑不得的恶作剧，一齐涌现到他心头。他忆起他们在一起游乐的许多事，是那么使他迷恋，难以抹去！他不相信这样一缕香魂，这样一个尤物，会从尘世间消逝！他的心一时好像被人摘去了似的难受。一定要找到她，帮助她！倏然，他想到一个去处。

子龙就近到一个养有马匹的社友家，借到一匹骏骥，朝着白龙潭东岸方向飞驰而去。

数月前，徵舆曾让他们做陪客，请柳如是游湖，遇大风，曾停泊于一棵大柳树下。酒酣，徵舆走笔作歌。他表露出来的才华和报国抱负，使柳如是的心情特别激荡，后来就发疯似的爱着徵舆。此时此刻，她一定是去那里凭吊她那死去的爱情去了！倘若她一时情感冲动，失去了理智呢？一代奇女，就葬身于湖底了！……他不敢往下想了，紧夹了两下马肚，坐骑奔跑起来。

崇祯七年的早春，新年虽过，松江仍然是寒凝大地，渔舟瑟缩着系在避风的岸边，湖浪把它们颠簸得"嘭通"作响。灰蒙蒙的天空，阴霾压人，沉重的雾霭，紧压着湖面，让人分不出哪儿是湖水，哪儿是天空。春风那凛冽的气势，仿佛能穿透牛皮和墙壁。子龙的坐骑，迎风打了几个响嚏，一会儿，他就望到了那棵大柳树的树梢。

它已片叶无存，光秃秃地立在湖边，像一个被海盗劫掠一空，只剩一个赤条之身的受难者！它此时的情态，好像在饮泣，在追忆，在悔恨；又好像在诅咒海盗的贪婪，声讨天地之不公！它的枝丫正在发出愤怒的悲鸣。

子龙的眼睛突然一亮，倚着它那暴露在地上的根，有个象牙色蘑菇似的人影。"柳如是——"他向那人影高喊着！马儿好像也通了人性，径直向柳树飞奔过去！

柳如是在这柳树根上坐了多久，连她自己也不知道。她伤心欲绝地离开了卧舱，撇下了宋徵舆，来到隔壁客厅，倚着窗，面对着湖水发愣。她不敢将发生的事变让船伯他们知道，怕船伯难受，阿娟谩骂，阿贵做出鲁莽的事来，只得躲在那里无声地饮泣。眼见着他走了，低着头，踏上跳板上岸去了，他的身子在瞬间好像变矮小了，已失去了往昔潇洒的风度！他们定情那晚，仿佛就在昨天。那晚，他俩相对饮了许多酒，他是那样容光焕发，举酒信誓旦旦。后来，他那白皙书生气的手，紧紧按住了她握着酒壶的手，他的目光撩得她抬不起头。她信了，他不会辜负她。后来，他们就那样默默地坐着，不再饮酒，而是用目光交流情感，她被爱升华到纯真的境界，沉浸在爱的幸福里。他爱她，珍惜她，他会为她不惜代价。这就够了，风尘中能遇上这样真情的男子，她感到幸运。那晚，他留宿在她船上。他抚着她那光润的肌肤，赞叹她的温馨。他是那么多情，那么温柔。她第一次享受着真情的爱抚，道不尽的欢娱，可现在……她被欺骗了，心里说不出的羞愧、悲哀和痛苦。她一向自诩有见地，有卓识，把人生看得很透。其实，这正证明她的浅薄！几句激昂的言辞，几首动情的诗，几句虚假好听的情话，就像迷雾样蒙了心窍，灰尘样迷了她的眼睛，她只看到炫目的美丽光环，却没有去探究光环后面的黑影！她太爱幻想，太不实际。回到自己的房间，坐到书桌前，凝视着面前那沾了墨汁、油污、泪痕、粉末、酒渍的台纸，她百感交集。

这台纸多像她的人生啊！她挥笔在台纸上写下了无尽的痛悔，就茫茫然走了出来，也不知自己怎么就走到了这里，更不知道来到这冰冷的湖畔寻找什么，是寻找过去的梦，还是来埋葬它们？

面对着躁动不安的湖水，她的灵魂仿佛失去了知觉，竟感觉不到湖风的寒冷。突然，她迷蒙地听到有个声音在呼唤她，接着就是急骤的马蹄声奔她而来。她的魂魄仿佛被这震撼着心灵的声音拉回来了！

一片恐怖的阴影闪进了她的心室，那疾驰而来的人，是来赶她出郡的传令公差，还是歹徒来劫持她？她顷刻意识到，这时候，怕是没有用的，她转过脸，不去理会，目光追逐着那些不知疲倦的浪头。

它们日夜追赶，撞击，直到粉碎！又集结，又追赶，无所畏惧！它永远还是浪！

马嘶鸣着在不远处停下了，她感觉到那个人在向她奔来。

"柳如是！柳如是！"

她听出是子龙急切的呼唤，就在她回过头的时候，他已来到她身前。

"好兴致呀！一幅多美的风中观浪图！"子龙的马在原地蹀躞了一圈，他跳了下来，"快快同我回去，商讨下就要发生的事。"子龙犹恐伤了她的自尊心，将驱逐出境的事说成"就要发生的事"。

柳如是面若冰霜，冷冷地回答说："谢谢！子龙兄，我看不必了！"

"柳如是，这话可不像你说的呀！"他伸出两手，就要搀扶她。

她却自己站了起来："子龙兄，来到才人辈出的云间，受到文友的厚爱，你和存我兄视我若士子，待我如手足，这段时光，柳如是终生难忘，珍如瑰宝，永记心上。"她向子龙跪了下去，"弟又要开始新的浪迹萍踪了，兄长知遇之恩，无以报答，弟以此长跪与兄道别。"说着潸然泪下。

"柳如是，你言重了！快起来，我送你回去。我和存我决定去找知府，迫使他收回成命！请相信，子龙决不会让你走的！"

柳如是摇摇头，凄苦地一笑："不！我走！弟本来就是个流浪者，何敢求安定！"

"别固执了！只要弟不弃云间，我等将设法让你长此定居敝地！"

她被他扶了起来，她意味深长地一笑，像谈论别人的事那样冷静："小弟不敢有此奢望！兄长有所不知，我跟钱横有私怨。"

子龙大为不解，难道自命为不近女色的名宦有求过她？他困惑地看着她。

不知出于怎样一种心理，柳如是隐去了盛泽戏弄钱横一节，说了淀山湖钱府管家索要李书，她以赝充真一事。"他已自知受骗上当，又不敢明言受了作弄，现在弟撞在他的网里，他能放过？"

子龙想，既然是由待问书引起的，那解铃还须系铃人，他突然想到一个叫钱横释疑的主意。他宽慰她说："存我自有妙方，了结这宗积怨。"

柳如是坚决地摇着头，她怎么也不能让他们——她所尊敬的师友，为着她的去留，去降低人格，求见他们一向鄙视的恶吏。她连声阻止说："不，不！钱横做贼心虚，他最怕的就是此事为人所知。存我兄去，只会使他越发恨我了。"

"这叫以子之矛攻子之盾！只要他还想保留名宦的牌子，我们就有办法叫他收回成命。"

柳如是感激地看了子龙一眼，就把视线移开了，她不敢再去迎接他那笃诚的目光。他当然知道她举刀断琴弦之事，他却半字也不去涉及，这是他善良和厚道之处。他不想责备宋征舆，人各有志。或许他早就预想到会是这样的结果，可他也没说什么来安慰她，他小心翼翼地护着她那痛苦的伤疤。她理解他的良苦用心，但她不愿再去损害他们的声名了，不能让人攻讦他们几社护着一个"流妓"！不能再拖累他们了。"兄长不要为柳如是的去留再去奔波了！"她难过地别过了脸，向湖边走去。

子龙慌忙奔过去，拦在她面前，狠狠地盯视着她，严肃地说："柳如是，你……"

"哈哈哈！……"柳如是突然怪笑起来，又戛然而止，"怕我跳湖？卧子兄，这些年，柳如是都在没有加盖子的江河湖渠里转悠啊！倘若弟是那种没骨头的人，早该跳过一百回了！可我不想那样死！也不服气那样死！"

死本来就有重于泰山和轻于鸿毛之分，一个女子能如此看待它，子龙由衷地高兴，可这高兴里又夹杂着一缕愧疚之情，他们相交也有如许日子了，他却没有完全了解她的个性，他尴尬地辩解说："兄并无此意。柳如是，快回去吧，朋友们正为你忧心忡忡呢！"他回身拍拍马背，带点解嘲的味儿说，"敢骑吗？兄为你挽马！"

柳如是不无惊骇地望着他，一个举人为一个女人挽马，闻所未闻，更别说眼下她是一个被指控为流妓的下等女人！

自垂虹初识，她就朦胧地感到，这位肤色微黑的男人，有别于他人。最初吸引她的是他那侃侃的言谈，胸襟抱负。后来，她又发现他心地善良笃诚。他喜欢跟她唱酬、交游，然而他却敦促她去爱宋征舆，而他仍待她如初，这在别的男人是办不到的，他具有他人所不及的胆识、才华和力量，在社内深得盟友推崇。"我是个浅薄的庸人。"她在心里自损着，大凡庸人都是如此，只为美貌所动。只有非凡的人才能发现内在的力量！她选择了征舆，一个不愿为她的爱付出一点牺牲的男人！忽视了就在身边的一块赤金！现在，他竟要为她挽马！也许他认为她不敢骑而说的大话。她要试试真假，她挑战似的笑着说："挽马？举人老爷为一个流妓挽马，不怕革了你的功名？"

"举人不敢推举才人，还叫举人？"子龙诙谐地说，"只要子龙自认为值得推举的人，漫说是挽马，就是抬轿又有何妨！来吧！不要怕，就看你有没有这个勇气了！"子龙进一步鼓动着。

柳如是慢慢向马走去，纵身一跃，利索地跨上了马鞍。

子龙暗吃一惊，不禁说："好漂亮的姿势，还真有点骑士风度呢！"

柳如是盯着他问："没想到吧？"

这的确出乎他意料，可仍回答说："想到了！柳如是本来就是巾帼才人嘛！"

她凄苦地摆了下头说："唉！什么才人？在周府偷着学过。"

子龙默默无语，真的为她牵马前行了！能以此让她的情绪得到变化，他感到莫大的欣慰。

寻不到柳如是，阿娟哭，船伯黑沉着脸坐在船头，阿贵无声地仰卧在铺位上。船上笼罩着阴冷沉闷的气氛，仿佛柳如是已经远离他们而去。突然，阿贵甩掉棉衣，"扑通"一声跳进了冰彻骨髓的湖水。

阿娟奔了出来，大声喊着："阿贵，快上来！"

他没理她，沿着湖岸游去。

阿娟推搡着闷声不语的船伯说："大伯，快叫阿贵上来，他要冻病的！"

老人无声地拨开阿娟的手，两颗混浊的泪水滚出了眼窝，沿着刀刻似的鼻沟纹，滴落到船板上，船板上立刻出现了铜钱大的两块湿润。

子龙在前牵马，柳如是高高地坐在马背上，缓缓行走在湖埂上。左边是汪洋的湖水，波峰浪谷；右边是被割成块状镜面似的水浸田畴，风呼啸着从他们身边掠过，掀起他们的衣衫，四野没有人迹，除了水，就是风，一幅多么凄清的行吟图啊！柳如是想到现在的无家可归，又想到她随母北上寻父的情景。那年，也到处是水，就是这该死的水，使她成了个没有人身自由的孤女！想到这，不禁凄然泪下。疾走的风，又很快将它吹散了，带走了。就冲着子龙这一豪举，她也要同命运作坚决的抗争，即使破釜沉舟，也要逼使钱横撤回驱逐令。她已有了留下来的主意了，她想试试自己的力量是否能保护自己的权益。当然，不到关键时刻，她不会亮出她握有的那张叫钱横投械的王牌。她要让大人老爷们尝尝她这个弱女子的厉害！想着想着，心里冲动起一种报复、泄愤和反抗的兴奋。突然，一个恶作剧的狂想倏然而生，她想要子龙走大路，穿过人多的长街，让她在众人面前威威风风走过去，把那些视她为洪水猛兽的老爷们吓得目瞪口呆。她要当他们的面，在马上仰天长笑，笑得他们魂飞魄散！那该多么解气，多么气派，她想象着挑战的快感。气气他们，以后，她还要留居松江。

抵抗驱逐令的勇气

子龙走进客厅，一面向知府施礼，一面说："府台大人，学生求老父母来了！"

"哦？"钱横作出一副惊讶的神态问，"不知贤契所求何事？"

"传说大人要驱逐柳如是，学生就此事欲敬上一言！"子龙呷了一口花茶，察看着知府的神色。

"不敢相瞒，确有此议。"

"大人！这可使不得的。"子龙放下茶杯，将柳如是非同常才之处历数一遍后，又说："驱之可惜呀！大人爱才若渴，我云间才会人才辈出，大人岂能容不得一个才女！"

"贤契不愧为真才子也！会说话！会说话！"他放肆地向太师椅那嵌有大理石山水花纹的椅背上靠去，"可是，贤契熟读诗书，岂不知女子无才便是德之说吗？反之，女人有才，必定无德！留之会损我郡民风！这正说明本府驱之有理呀！"

子龙立即反驳说："大人，话不能如此说绝，一概而论。柳如是乃是个难得的奇女子呀！"子龙怀着诚挚的同情把柳如是坎坷的身世以及她的好学和才华，像对友人那样向钱横叙说了一遍，想以此来打动他。不知他出于什么心理，他只说了她从姑苏流浪而来，隐去了她盛泽和周府一段生活经历。

可是，钱横听完却怪笑起来，"自古才子爱佳丽，莫非贤契是被她的美色迷住了？何不纳为偏房，也帮我免了一桩公事。"

子龙正色道："大人，请恕学生不善玩笑。学生乃是尊崇大人广开言路之训，才来向大人敬上一言的。并非来此弄月嘲风。"

钱横见子龙不悦，又自我解嘲地笑了笑说："贤契休要认真，老夫与你说笑呢！言归正传吧，驱逐之事乃缙绅一致所求，没有转圜余地，怎好出尔反尔，失信于民呢！"

子龙完全明白这是托辞！便耐住性子说："大人！请教驱逐之理由？"

"驱逐流妓，净化风气，乃本府职责，亦为郡会道德民风，子民前程，深合民意。"

子龙坦率地说，依他之见，假若这人世间没有想从可怜的妇人身上寻欢作乐的老爷，社会上就不会存在这个可悲的行当。作为民之父母郡首，应谋求从根本上铲除产生它的根基，不应去惩罚应运而生的弱女！"这不公正！"他说，"柳如是，因葬母而卖身，沦落平康，现在虽已争得了自由之躯，然而只有天地容身，不得已以江湖为家，与诗书文士为友。这样的奇女子，若以驱流妓之名来驱赶她，实属不妥！"他越说越激昂，"不平则鸣，此举恐怕要在文士中掀起风波！"

子龙这最后一句话，击中了知府的要害。他的态度缓和下来，不得不拐弯抹角给自己找台阶，"奇才？何以见得？"

柳如是墓

子龙侃侃而谈："存我言她书艺与其不相上下，她之诗作与我辈竟深有所合，挟沧溟之奇，坚孤栖之气，非一般之才所能及也！"

"果真如此，倒动了本府怜才之心！若否使其书自作一章，交呈本府，待与诸贤再议。"

这是送客的信号，子龙也不想继续交谈下去，但他不敢应承此事，他知道柳如是的脾气。便起身说："大人厚意，学生定当转达柳如是！告辞了！"

子龙和待问交换了彼此看法，认为形势有好转，驱逐令有更改的可能。于是就往柳如是舟中，让她自书一诗，交呈钱横。

柳如是沉思不语，她柳如是，为了不甘就范于尤总兵，才开始了流浪。她已习惯不受礼俗羁缚的生活，她不能忍受别人在她还清醒的时候来割斩她。她可以将自己的作品奉送给任何人，但她不能忍受钱横以恩典的手段来榨取她心血凝成的果实，这是对她的践踏和侮辱！她越想越气愤，蹦了起来："勒索！涂了甘饴的勒索！卧子兄，难道你已应承了不成？"

子龙摇摇头。

柳如是破涕为笑了："卧子兄，不愧为弟之知音也！"

子龙此刻的心中，可以用忧心如焚一语来描绘。甲戌会试就在秋天，他们即将启程去京都赴会试。他试着开导着柳如是说："柳如是，你知道，我们就要北上准备会试，你的去留未能定夺，我们可不安哪！"他深情地看了柳如是一眼，"我们怎能让钱横如愿以偿呢！一个人在不得已之时，有时也不免要做点违心之事。柳如是，大丈夫应能屈能伸！"

柳如是心里很明白，子龙和待问为她能留下多方奔走，她理解，她感激，为此，她本想答应子龙的要求，可是，她实在忍不下这口气，被人家驱赶，还要去迎合人家，她忍受不了，泪水不禁从眼眶里溢了出来，她回答说："卧子兄，求你谅解柳如是。我是决不会写的！我理解你的一片苦心和情意。你安心地去会试吧！你别担心我！"

子龙是了解柳如是性格的，他这样劝她，是希望她能留下来，见她如此坚决，他又后悔了，也许她会误会他，以为他要去赴会试，就劝她委曲求全？"柳子！子龙理解你！不写也罢。放心吧，陈子龙不叫钱横放弃驱逐令，决不离开云间！宁可放弃甲戌会试，也要让你留下！"

柳如是简直不敢相信自己的耳朵了，她明白，会试对于一位有理想有抱负的江东才人来说，重于一切，甚至重于生命。他们潜心攻读，矻矻求索，为的就是这一天！为的就是得到功名！有了功名，他们才能施展抱负，酬答社稷和父老。他宁可放弃这等待日久的机运，为她奔走，这情这义，重于泰山，深似东海！柳如是被感动得泪水满面！可她怎么可以让他这样呢！她决不能让他为她误了前程！她"扑通"一声跪在子龙面前说："兄长，小弟求你了！你决不可为了小弟这点小事而误了会试大事！那样，小弟会遗憾终生的。你安心地去吧，决不能误了考期！你我会有再逢那一日的。"

子龙一下慌了神，忙伸手要扶她起来，柳如是却坚决地说："兄长若不答应小弟，弟就永不起来！你也别想再见到弟了！"

子龙不知如何是好，他决不会丢下她就那么走的！可他如果这样回答她，她还不知会干出什么事来，他只好说："你起来吧，我答应你！"说完就告辞而去。

子龙铁下了心，不解决柳如是留住松江的问题，他决不离开。待问也自愿推迟启程日期。他们相约不仅要瞒住家人，也要瞒住柳如是。他们分头拜访了好几位对知府有些影响的乡贤，请他们去说服钱大人改变初衷。子龙又再次求见钱横。

柳如是的才华又一次勾起了钱横的隐衷。那日，他在书房里又一次拿起柳如是那封信，他的独养子进来见有柳如是的具名，顿时兴奋得满脸通红，奔回自己的房间，取来了卖赈那日他得到的一张柳书，献宝似的捧给他父亲观看。钱横板起面孔教训了儿子一通，但留下了那轴书。待儿子走后，他展开仔细观看，赞之不绝。继之，他又悲哀起来。不是自诩，他乃江左文坛泰斗钱谦益的族侄，又是他的得意弟子，他自认爱才识才，他多么希望能将自己的儿子造就成学富五车的才人啊！可是，这小子却偏偏不成器，不能诗，不能画，也不会书。都十六岁了，还一味只爱骑马，舞刀弄剑的。这使他大失所望，常常为此叹息不已。他有种种雅好，收藏名家字画，是他雅好之一。总想有那么一日，他的收藏压倒他的族伯老师钱谦益，跃居琴川（常熟别称）之首，海内无可比肩。而且希望他的儿子能从他的收藏中得到启迪和熏陶，成为一代大儒。面对着柳如是的书牍，他又想起了曾想过千百次而未想通的问题，为何这样的奇才出自青楼？天地为何如此不公？他愤愤不平起来。听报陈子龙求见，他嘲讽地一笑，代那个姓柳的妇人送书来吗？就传话下去："有请！"

子龙施过礼，向他致歉说："柳如是偶染小恙，唯恐写不出叫知府大人满意之书，只好待病愈之后，再书呈教，乞知府大人宽谅。"

钱横笑了起来，子龙两手空空进来时，他就明白了，这段歉词不过是陈子龙的遁词也！早就听传，那个刁妇性傲，她不愿就范，已在他意料之中。陈子龙就要去京赴会试，不必得罪他，给他一个顺水人情岂不更好！待他一走半年一载，他还不能找个更好的借口赶走那女人吗？他既可得到几社文士的好感，还能博得一个爱才怜才的美誉，何乐而不为！

"无妨，无妨。本府已见过她的诗书，确小有才气！"他说。又把他如何如何去说服缙绅、乡贤，取得了他们同情和谅解，才得以取消前议，向子龙渲染一遍，俨然是当今伯乐了。突然，他又来了个转折，说缙绅众议一致，勒令她停止参与文会唱酬和出售书画。他说到这儿，加重了语气："若有违逆，书画没收，本府将采取堵截措施，以维护我郡邑风范道德。"

"恶吏！"子龙在心里诅咒着，司马昭之心，路人皆知。柳如是是个奇才，钱横想以收回驱逐令来达到控制柳如是诗书画广为流传的目的。

可子龙又不得不起身向钱横施礼，感谢他收回驱逐柳如是的成命，但他认为两个停止无法执行。即使柳如是恪守禁令，但也无法禁止他人上门求书，也不能拒绝文友来访唱和！就是郡首下令张布于市，也不一定能堵截得了！

"啊?"钱横诡谲地反问道，"贤契，你的高见呢?"他暗自高兴陈子龙上当了。

"请大人斟酌自定吧！学生再次向大人致谢！承蒙大人厚爱，学生不胜感激，告辞了！"

子龙以为驱逐之事像一场风暴已经过去了。他虽然推迟了启程日期，减少了会试前的准备时间，毕竟还能赶上会试。钱大人对柳如是的两个禁令，也许会不了了之，他也就没有向柳如是提及此事，当即就准备启程。

可是，就在他即将启程之时，书市的榜栏上，突然出现了一纸禁止柳如是与文士唱酬吟咏和出售书画的文告。

柳如是得知，嫣然一笑。看了在座的子龙、待问一眼，自我调侃地说："柳如是时来运转了！就要走红了。知府大人为我宣扬，岂不要闻名遐迩，尽人皆知！"她从柜下捧出一坛酒，对阿娟说："取杯来，得庆贺一番！"她先斟了两杯，捧到子龙和待问面前，"两位兄长，感谢你们为我奔波，小弟别无所有，只此一杯淡酒谢深情！"

阿娟也给她斟满一杯，她端起说："来！满饮一杯！"

阿娟又给他们一一斟上，柳如是又举起杯说："这一杯，应为知府大人干！感谢他对我的厚爱！"

柳如是爱酒，友人们常戏称她为酒仙。她一连喝了数杯，没有一点醉意，也看不出她在借酒浇愁，仿佛她真的很快乐，笑声朗朗，絮语不休："我柳如是可称个人物了！有哪个女人能与我相匹敌？就是男子，也不尽能享有我这等荣耀！我竟上了知府大人签署的文告！知府大人真是把我看得相当的了不起了！用命令来驱逐我不成，又用文告来限制我的行动。仅此一点，可见柳如是存在的分量，存在的必要和光荣！陈、李二兄，我说得对吗？"

未等他们回答，她又吩咐阿娟："斟酒！"

子龙见她显出了醉态，很是不安，他和待问即将北上去赴会试，留下她在这风浪口上，他很不放心。他一直没有把北去的具体日期告诉她，怕她经受不起。现在，他不得不说了，让她自我保重。他示意阿娟不要再给她斟酒，郑重其事地说："柳如是，后天我们就要启程往京师应试去，望你善自保重，以求平安无事！"

柳如是的心仿佛被酒精点燃了又突然遇上了大雨，火苗蹿了两下，灭了。她在孟浪的酒境中清醒过来，感到一种钻心的孤独，有如一个就要被母亲抛下的婴孩，失去了依持，在接二连三的打击面前，就是他们的友情支撑着她去搏斗，去较量的！人的感情就是那么怪，日日相见，不易显现友情的深浅，一旦别离，就会产生一种难以割舍的依恋，往事也在瞬间涌上心来！

待问在一心一意为她题跋；子龙沉凝在她的诗稿中；待问爽朗的笑语，子龙亲切的注视，子龙策马向她奔来，挡住她面前的湖水，满眼的忧伤，她骑在马上，踽踽行吟在白龙潭堤埂上，子龙为她牵马。子龙的背影，久久占据了她的视线……

顷间，这一切又梦也似的消逝了。她惊恐地睁大了眼睛，望着子龙，她想高声呼唤："带我去！"又想伸出双手去拽住子龙。可是，她双唇抖了抖又合上了，她的手臂怎么也抬不起来。当她的视线碰到子龙的目光，她慌乱了，羞怯地低下了头，声音也颤抖了："后天？"

子龙点了下头："此一去，不知何时归来。你们的日子，将作何安排？"

柳如是心中装的尽是离情别绪，至于今后的生活，她没去想，想也无用，只得听其自然，天生我材必有用，知府不让卖书，也饿不死，她故作轻松地说："祝二位兄长高攀桂蕊，金榜题名，柳如是一心在此专等捷报，望二兄早日衣锦荣归。"

待问插话说："愚兄再给你写几张……"

"李兄对我的关照已够多的了，弟不敢再领受。待兄衣锦荣归之时，再为小弟染翰挥毫吧！"她畅然一笑，"知府大人都如此器重于我，兄长为何这样小看我？"

"愚兄不得不甘拜下风了！"待问朗然地笑了起来。

子龙仍然默默地看着柳如是。

离愁像洪水那样突然淹没了她，她亲自执壶为他们斟酒，端起杯说："这杯淡酒，为两兄送行，祝愿二位一路平安，金榜高中，实现报效国家、施展雄才大略的抱负！远在白龙潭的小弟，专候佳音。"说着，泪水扑簌簌地滴进了酒里。她咕咕咚咚喝个干净，豪迈地一亮杯底说："兄长不用记挂我的安危，弟有忘忧解愤的秘诀，又有逢凶化吉的良计。

请两兄放心。"

送走两位友人，柳如是仍然不能平静下来。子龙的影子就像自己的影子那样跟着她，她这才敢证实一股新的情流，早在她心底涌起，拭不掉，驱不去。子龙不似宋徵舆，他深沉，有种强大的自制力，他的爱总是深深隐藏在具体的关切和默默注视之中，她不是没有觉察，前车之鉴使她只能视其为师友、兄长、知己。徵舆辜负了她的挚爱，挫伤了她的心，使她从幸福的狂热追求中冷却下来。子龙没有因此轻视她，而是以更为深沉的爱来安慰她受伤的心，鼓励她去继续追求幸福，然而，她却胆怯了，不敢去响应子龙的呼唤，她害怕等待着她的是更为苦难的深渊。

忆起陈夫人那像长着钩子似的锐利目光，她就不寒而栗，她是那个家庭冒昧的闯入者！可是，子龙的目光，又是那样使她不安。他的忧郁是因得不到她的呼应而起？还是因为远别而生？倘若那深藏在他心中的情感影响了他的健康和前程，她又怎能对得起他的情意？柳如是左思右想，愁思有如窗外秋风掀动的湖水，涟漪连着涟漪。幸福、爱情，总是那么诱人，明知前面是深渊，还要去跨越；它是那么使人不思悔改，那么叫人无力控制自己！她提笔在一张花笺上写了首题为《送别》的诗，把她的情、她的爱、思恋和离愁全都倾注在诗句里，这才感到四肢无力，精疲力竭！

柳如是的诗句，有如夏日的甘霖，滋润着子龙渴望爱情枯干的心；柳如是的诗句，有如星火，点燃了久贮在子龙心中爱的柴禾，烧得噼啪作响，他一连读了数遍，凝神有顷，挥笔写下了"予将北行，读柳子送别诗，离情壮怀，百感杂出，诗以志慨"的七古。

他仔细地将诗笺封好，令书童立即前往白龙潭舟中面呈柳如是。

翌日，天将微明，子龙就到祖母高安人的卧榻前，向她拜别。他自幼丧母，是祖母把他抚养成人的，他非常敬爱她，一再嘱咐妻子要好好侍奉老人。又拜别了继母唐氏，再到父亲的灵位前，行了三跪九叩礼。便携带书童，仆夫往码头去与待问会合。他把报效国家的抱负都寄予在这次会试上，柳如是的诗给他增添了新的力量，他就像个奔赴疆场的战士，心里充满了壮志豪情。

来到码头，待问的船早离岸了，他租赁的船就停在岸边。他让仆夫把书箱先担到船上，自己却迟迟不肯上船，频频向湖堤张望，他在期待。相见时难别亦难，他多么希望再见柳如是一面啊！可是，湖堤像一条沉睡的长龙，静静地卧在朦胧的曙色里，不见首尾，那些有似龙鳍似的岸柳、丹枫，不时露出一点树梢，一会儿又被迷蒙的烟雾掩盖了。不见车舆，不见人影，他失望了，恋恋不舍地转过身，跳上了船。船离岸了，子龙还伫立船头。

是幻觉，还是看花了眼？子龙的心仿佛突然被人撮攫起来了，一阵狂喜！他看到有两个人影径直向码头匆匆赶来。啊！她还是来了，子龙激动得几乎要叫出声来，忙吩咐船夫："停船！"

柳如是也已看到了他，向他扬起手，高喊着："望二位兄长早传捷报！"

待问隐约听到喊声，走出了船舱，可是，他的船已去远了。

柳如是来到驳岸，已是气端吁吁，她扶着阿娟，从怀中取出诗笺，向子龙示意。子龙知道是和诗，恨不能立即读到，竟向她伸出双手。可是，船已离岸两丈多远，再长的手也够不到了！柳如是灵机一动，弯腰拾起一片枫叶和一颗石子，用诗稿一裹，扔向子龙。

子龙拾起，迫不及待地读着，他激动得紧紧攥住了诗稿，声音抖颤地喊着："柳如是，等着吧！子龙决不负君！"

是夜，子龙抱着诗稿入梦。他做了一个好梦，金榜题名，身着红袍，自愿请缨，督军东塞。柳如是与他同行，为他献计定策，惩处了里通外国的奸贼，罢免了贪生怕死作践百姓的边将，打败"索虏"，凯旋回朝，深得万岁的信任，又令他改革朝政，她同他一道起草奏章，清除了阉党残余，撤换了贪官污吏，破格起用了经济有用之才，国家出现了从未有过的清明、兴盛的局面。柳如是受到了万岁的诰封，他偕柳如是一道进宫谢恩，可是，柳如是不知怎的，竟将赐予她的凤冠霞帔往万岁面前一掷……子龙惊叫一声："你疯了！"慌忙"扑通"一声跪下请罪。

书童被他的喊叫声惊醒，扑到他的铺前，呼喊着："相公，相公！你怎么啦？"

子龙两眼发呆，望着船舱的顶棚，他被刚才的梦威慑着，一种不祥的预感压迫着他，这梦意味着什么呢？她不会出什么事吧？这一夜他辗转反侧，怎么也睡不着，脑海里怎么也摆脱不掉柳如是各式各样的身影，他越想越感到不安了。

心中的"男洛神"

柳如是指了指墙上她书的子龙《别录》说:"'我欲扬清音,世俗当告谁?'陈卧子先生欲求一个民富国强的清明吏治之世,柳如是相信公子也会有个愿将肝胆酬国忧之志。"

钱云向《别录》望了一眼,就垂下了眼睛,他仿佛被什么刺痛了似的,有种难言的隐痛在困扰着他。

柳如是以为自己言重了,为了安慰他,她走到书案边,从抽屉内拿出一把白米扇,随手题上:"大丈夫以家食为羞,好男儿志在报国!与钱公子互勉。"她将扇子递给他,说:"做个纪念吧!"又给孙武功写了封短简,让他前去拜师。

"谢谢!"他小心地将扇和书牍放入袖中。

"柳如是还有一事劳驾公子,"柳如是从书案上拿来钱横忘了带走的指环,"请代交给令尊大人,并盼公子转告令尊,只要令尊不再与我柳如是作难,今日之事,盛泽之事,除你我之外,决不传与他人所知。假如……噢!我想令尊大人自会权衡此中利弊的。"她喊来阿贵吩咐说,

"持灯送公子回府。"

钱云迟疑地站起来说："学生一定转达，请柳如是相信我。"

柳如是见他有依恋之色，便说："今晚乃中秋佳节，令堂大人定在等候公子团聚赏月，恕我不久留公子，请早点回府吧！"

"我这就告辞。"钱云嘴里说着却没有移步的意思，欲言又止。

柳如是唯恐他酒后失态，语气严肃地说："公子，天色不早了，快请回府吧！"

他突然低下了头，结结巴巴地说："我听阿爸说，陈子龙……"他没说完，转身就向门外走去。

顿时，柳如是的心好像被人拽出了胸廓，一团不祥的乌云向她涌来，她忙追上去："公子，卧子他……他出了什么事吗？"

钱云垂头不语。

"快说呀！公子！"她的嗓子都变调了。

"他落选了！"

柳如是的手臂无力地垂了下来，这对她的打击太大了，她跌坐在船板上，喃喃自语："落选了！落选了！……"

柳如是像这样失魂落魄的神态，从未有过。吓得所有在场的人都向她围了过来。已经迈上跳板的钱公子也反身回到她的面前，惶恐不安地说："真抱歉，怪我多言！也许……纯属讹传。"他拍了下头，懊悔不已，"唉！都怪我，不该乱说，让你……"

柳如是已意识到自己失去控制，连忙借助于阿娟的扶持站了起来，自我解嘲地笑了下说："柳如是酒后失态，让公子见笑了。"她的笑里夹着苦涩，"承蒙公子透给我这个讯息，柳如是不胜感激！公子好走。"

阿贵送走了钱公子，柳如是倚着阿娟回到舱中。她斜靠着窗口，孤月一轮在浓淡不定的云层里出没。没有浮云的远空，显露出萤火虫似的数点淡星，无力地、时有时无地闪烁一下。它们仿佛也畏惧秋夜凄冷，正在沉迷迷地打着盹儿；平日频繁往来于潭上的舟楫，也没有了踪影；唯有叶子变白了的柳林，依然伴随着她。起风了，柳枝被吹打得你撞我碰，发出阵阵悲鸣。中秋之夜，对许多人来说，是充满了温馨和柔情，可对于漂泊的他们，只意味着更多的凄凉。柳如是此时整个心儿都装着愧悔和忧虑。她理解子龙，他虽然没有把功名利禄看得多么重要，可是，对于一个有抱负有理想的读书人来说，他对这次会试寄予了很大的希望，他把它视为酬志展才的机运！一个志士失去了用武之地，即使他再有报国之心，再具宏图大略，也只能空怀遗恨！他曾经信心百倍，他能战胜失败在他心里产生的困境吗？她的心遽然紧缩起来：他是由于她才落第的！为取消钱横对她的驱逐令，他们四处奔走，推迟了行期，耽误了试前准备；临行前，又出现了那纸制约她的文告，怎能叫他放心离去呢？又怎能叫他思绪集中，一心投入会试呢！像他这样才华横溢的才人，不是心不在焉，怎么会落第呢！都是因为她！她是罪魁祸首，她对他犯下了深重的罪！无以挽回的罪，对他欠下了无以偿还的债！她痛悔不已！如果当时她悄悄离开了松江，他是决不会落第的。她的心上像有把小刀在划割样疼痛。如果能用生命来抵偿、来挽回子龙的落第，她也决不犹豫！现在她恨不能化作一阵清风，一片白云，去到那遥远的北国，安慰他。

像他这样的才子总会遇到识才的伯乐的。可是，天遥地远，关山阻隔，她满腹柔情，一腔悔恨，如何才能让他理解？他会不会从此丧失信念，一蹶不振？他会不会在绝望时做出失去理智的事来？

天上的星啊！你别打盹儿，求你睁开眼睛代她去看看他！你的眼睛为何只眨了一下又闭上了呢？是不是你不忍睹他的惨境？他发生了什么不测的事吗？

柳如是越想越邪，好像子龙已出了事似的。她痴痴地望着远空："难道我的命真比纸薄？连一个知音都不相容？生活对我为何这样的不公平？卧子啊！柳如是不求你高官厚禄，只求你平安归来！我这颗心，才不会因愧悔而死。现在，我能为你做点什么呢？"

她这么自问着。一个流浪的女子，能帮上他什么忙呢？她只有一颗虔诚的心，只求上苍保佑他。

她慢慢移动步履，离开了窗前，走到洗脸架边，撩起一捧清水洗净手，点起几支香，插在香炉里，又把香炉捧到窗前，默默地跪下去，她微合上眼，低垂着头。

阿娟也无声地跪到她的身旁。

她们谁也没有道破心中的祈愿，但她们用的是同一个词，愿他"平安"！

期待是痛苦的，痛苦的期待又是那么漫长啊！除夕过去了，新春也快过去了，仍然没有得到他的讯息，柳如是焦虑万状。

"陈相公回来了！"阿娟像一阵风飘进舱里对她说。

"你怎么知道的？"柳如是突然听到这个消息，她是那么惊喜，又是那么不敢相信。

"阿贵对我说的。"

柳如是像一道闪电闪到了阿贵面前，急不可待地问："陈相公回来了吗?"

这时，阿贵正坐在船头，呆望着湖水发愣。他还在想着早晨碰到陈相公的事，百思不得其解，但他又不敢将郁结在心里的话全说出来。

早上，他提着头晚摸的鱼儿上市去卖，在南门内新桥边，他刚做了一笔买卖，抬头将鱼递给买主时，突然被一个熟悉的背影吸引住了。"陈相公!"他惊喜地高叫了一声，手里的鱼落到地上他也没在意，他只想着，这下好了，柳如是的心也可放下了，病也会好了! 他们也不会整天提心吊胆为他担忧了。

那人听到喊声，惊觉地回了下头。那个非常熟悉的面孔，虽然清瘦了许多，但阿贵认定，千真万确是陈相公。他又情不自禁地高声招呼着："相公回来啦!"

可是，那人的头已转了过去，很快地挤进了人群，消逝在人流中了。

阿贵怔怔地站了良久，竟忘了做生意。他真想不通，难道人情真的淡如水，人那么健忘? 数月前，几乎是不隔天日来他们船上，他不知送过他们多少次，现在却翻脸不认人了! 天哪! 可怕，人心难测!

回到船上，他告诉阿娟陈相公回来了，谁知阿娟没听到头尾就那么快地告诉了柳如是。怎么回答她呢? 倘若如实说来，一定会增加她的痛苦。他装着丈二和尚摸不着头脑似的反问道："你说谁回来了?"

"你装什么样? 陈相公呗!"阿娟跟在柳如是后面说，"你听哪个讲的？"

阿贵感到很为难，便撒着谎说："路上听到的。"

"你也不跟上去打听一下，他什么时候回来的？"阿娟不满地嗔怪着。

阿贵只得低下头，无语地承受着阿娟的指责，又把视线转向水面。

柳如是却连声说："只要陈相公平安回来了就好！回来了就好！不要责怪阿贵。"

阿贵的心仿佛承受着皮鞭的抽打，他悔恨自己当时没有追上去对陈相公说："柳如是等你等得好苦啊！"

"怪事，回来了也不来打个照面！"阿娟愤愤不平地说。

柳如是却笑着握起阿娟的手，说："他会来的！"

可是，他却没有来。最初几日，柳如是还以他刚回来事情多的原因来安慰自己，后来，她也不自信了！难道来一会儿的时间都没有吗？男人的誓言就那么靠不住吗？短暂的别离就抹去了烙在他心上的印记？他后悔同她交往了吗？她不相信子龙会是那样的男人！可是，他又为何不来看她呢？哪怕只见上一面，让她诉诉自己的痛悔和疚愧也好呀！

普救寺的夜半钟声响了，传到她耳中，显得是那么沉重，空冷，像一个失偶女人恸哭的余音。柳如是愁肠寸断，无以从忧愁中解脱，提笔写了首《听钟鸣》。

写好后，竟不忍卒读。是自己影响了他的前程，人家悬崖留步，我何必自作多情呢？她把它揉成一团，扔到地下。

可是情感这个东西却不能像扔纸团那样容易扔掉的，子龙的面影却老是浮现在她的面前。他那深情的注视，那无言的关切，他的每一个动作，每一句话语，早就刻印在她的脑纹上了！能随便抹得掉吗？不，她并没被他抛弃！他不会抛弃她的！若连这一点都不相信，那还称得起什么知音？她相信，除了落选的痛苦，他一定还有很多难言的苦衷。可是，到底是什么使他不来见她呢？是自感无颜见她，还是犹恐受到她的冷漠？笑话，爱就是牺牲，何况他是为她牺牲了如同生命的功名！她不是世俗的爱虚荣的女人，他若是那么看待她，那就太不理解她了，那是对她的侮辱！她将毅然地不见他！像对征舆那样！她绝不允许她所爱的人这样看待她。她一生别无所求，爱的是才，爱的是大丈夫的志气，求的是理解自己的知音！哪怕他一生落寞无仕进，只要他能真诚地待她，她的心也将永远属于他。她相信子龙理解她。知音难得，她不能再等待了，她应该勇敢地去追求，在他最需要她的时候去找他去！可是，上哪儿去找他呢？去他的家？一想到他的家，心里就像吹进了一股冷风，周身就有种凉透之感！他不能来相见，是不是与这个家有关？在世人的眼里，她是个出身不好的女人，一个卑贱的、征歌侑酒的娼妓！他们的爱情，能善终吗？想起陈夫人的目光，她就有点不寒而栗！但她知道，子龙这个时候，也许最需要她。只有她，才能帮助他度过感情上最寒冷的时日；只有她，才能慰藉他的失望；也只有她，才能鼓起他求索的信念风帆。这不是她自我矜夸，她知道自己在他心中的地位。

一想到自己能给子龙一点力量和帮助时，不由得胆也壮了，她想她一定会找到他的。

初春的早晨，人们醒得特别晚，柳如是却赶在黎明之前起来了。

透过昏蒙的曙色，她见到跳板已稳当地架上了驳岸。难道还有比她更早的人吗？也许是阿贵起早卖鱼去了，不可能是昨晚没有收起来吧！船伯是不会疏忽的。

她没有惊动任何人，便悄悄地向普救寺方向去了。

阿娟每天都准时来给她收拾屋子，这天却意外地发现柳如是不在舱内。这么早，她能上哪里去呢？她挥起扫帚扫地，一个揉皱了的纸团从船拐滚了出来。

她捡起一看，是柳如是扔掉的诗稿，她虽然不能全懂，可是，那明明写着"情有异，愁仍多，昔何密，今何疏"的意思不是很清楚吗？近来，她一天天消瘦下去，沉闷不语，明白不过，都是为了陈相公。"那些个该死的酸文人！"阿娟愤愤不平地骂道，"求爱时说得比什么都好听，一旦骗到了女人的真心，又神气了！呸！不值得！"她把纸团又扔回地上，用劲踩了一脚。"害得我家柳如是好苦，一片真心反倒成了驴肝肺！"

她突然伫立不动了，这事怎么出现在陈相公身上呢？他可不像个薄情人！她又把纸团捡了起来，沉思着。

"阿娟！"

她吓了一跳，转过了身。

阿贵头上冒着热气，气喘吁吁地站在她面前。

阿娟没好气地嗔怪着："是老虎追了你还是怎的？吓了我一跳！"

阿贵兴奋地说："我见到了李相公，也知道陈相公在哪里了！"

阿娟转怒为喜，急切地问道："怎么找到的？"

说来话长，自那天与陈相公失之交臂后，阿贵愧恨不已。他知道柳如是非常希望见到陈相公，自己当时却没有追上去拉住他。他决心要找到陈子龙。

他先去了陈相公家，门房告诉他，他们家相公不在家，但也不告诉他现在在何处。阿贵想，既然那天一大早他就从内新桥上走过，他就有可能住在内新桥附近。从那天起，阿贵每天清早都上内新桥卖鱼，眼睛不住地在人群里搜索。也许是苍天不负苦心人吧！他没等到子龙，却等到了李待问。他追上去拽住他说："李相公，几时回来的？"

"昨日方归。"他问阿贵，"你家柳如是好吗？"

阿贵带点不悦地说："她日日烧香求相公们平安回来，都快要急疯了！"

"陈相公不是早回来了，他没告诉你们，我稍后回来？"待问不解地说。

"他还没泛过头影呢！"阿贵没好气地发泄着说。

"哦，有这等事！他就住在我家南园呀！"待问诧异了，"我这就去见陈相公，你回去告诉你家柳如是，我明日去看她。"

阿贵一口气跑回来，求教于阿娟。

阿娟几乎是没有经过思索，拉起阿贵就往外走："找他去！"

阿娟、阿贵俩简直是快步如飞，不一会儿就到了坐落在南门内新桥河南的南园。

门人挡住了他们："不错，陈卧子先生是借住在此，两位是他的什么人？"

他们一时语塞，是呀，他们是他的什么人呢？什么也不是！

门人见他们吞吞吐吐，冷笑了声说："对不起，不能让你们进去。"

阿娟赔着笑脸恳求着说："大爷，我们有要紧事要跟陈相公说，难为大爷通报一下。"

"通报！帖子拿来。"门人昂起头，斜了阿娟一眼，"没有名帖不好通报！"

阿娟尴尬地低下了头，突然发现手里还握着已揉成一团的诗稿，心头为之一亮，她惊喜地把它送到门人面前，兴奋得嗓音都变了调："大爷，这是我家主人的诗稿，请你把它交给陈相公！"

门人一见递给他的是团废纸，很不高兴地说："小丫头，不要拿你大爷寻开心。去去去！"说着便将纸团往地上一扔。

阿娟气得直跺脚，哭丧着脸逼到门人面前连声地质问："你讲理不讲理？你讲理不……"

阿贵眼睛睁得圆圆的，对门人喝道："你给我好好捡起来！"

"你们反啦！"门人向后退让着说。

"你捡不捡？你家李相公我们也认得！我们找他讲理去！"阿贵上去拽住门人的衣服吼着。

他们正在互相推搡，从小红楼后面转出一个人来，对门人说："捡起来吧！"

门人听到这个声音，立刻显出一种卑恭的样子，弯腰捡起那团纸，有些委屈地说："少爷，他们要我转交这样的东西给陈相公！"

阿贵发现走过来的人就是李先生，连忙丢下门人，上前躬身施礼说：“李相公，阿娟要找两位相公！”

阿娟连忙从门人手里夺过诗稿迎了上去，施一礼说：“李相公，找你们找得好苦！”她一脸的不悦，“我家柳如是早也盼，夜也盼，心里急得不得了！陈相公早回来了，却躲了起来，也太狠心了！你看这诗！”说着把揉成一团的诗稿递上去，“我扫地时捡的！”

“我都知道了，你们稍等一会儿。”李待问接过纸团，转身走向小红楼。

阿娟也斜了门人一眼，那意思很明白，是说“怎么样”？

阿贵蹲到荷塘边，水里的游鱼向他的倒影围过来，他发呆了。

待问直奔小红楼，质问子龙，为何避而不见柳如是？

“弟无颜见她！”子龙的脸越发黑了。

“待问落第后虽也有过如是想，可我很快想通了，胜败乃兵家之常事，真才实学者落选也屡见不鲜，有什么了不起的！你不能因此辜负了柳如是的情意呀！”

“她是女中才人，她从周府逃生出来，就立志不再为人姬妾。她之有情于弟，是为情作牺牲，子龙不敢委屈她！”子龙叹了口气，“兄是深知弟之家境的，还不如就此与她断绝，好让她死了这份心，早日去寻个……”

待问摇头打断了他的话，把那团皱纸拿出来，撑撑开，放到子龙面前，两人同读着：

半夜钟鸣，古人所叹……

这哪里是诗句，是发自柳如是心灵深处的爱的呼唤；是柳如是心灵的哀鸣和哭泣！子龙不忍听了，不忍读了，他的心在呜咽、在应和。他原以为，只要不再去见她，她就会慢慢忘却他，她便可以去寻得个好归宿。谁知，他想错了，她的心，她的情，就像金子那么坚韧，在他失意的时候，更加眷恋着他。他掩面痛哭起来。

待问也被这朴实无华发自内心的声音感动了，他让子龙尽情地发泄了一通后，说："子龙兄，人生得一知己足矣！可欲寻得一知己又何其难哉！像柳如是这样知你的女子再到何处去寻？不以远别而疏情，不以失利而情移。你可不能辜负于她呀！"

子龙认真地点了下头。可是，他又长长地叹着气，悲哀地说："存我兄，弟心又何尝不是她心呢！原只望这次会试能如愿，弟将带她随任，可是………上苍却不怜悯我们哪！我家那位……"子龙摇摇头，"她是绝对容不得柳如是的，弟又长久不理家事，家中的大小事宜，一应由她执掌。或许，她会装出一副贤淑妻子的假象，不出面阻止我纳柳如是。可是，弟深知她之为人，她会想方设法来折磨柳如是，我怎能忍受柳如是被人欺凌？这还只是一种好的估计，也许，她还会使出别的更毒的手段来。"

待问听了子龙的倾诉，更加同情陈、柳的处境，动了仗义之心，他决定成全他们。他略微沉思之后，便对子龙说："你们何不来个先斩后奏！为情结合！"

"结合？"子龙虽然早就有过这个憧憬，但现在却不允许他有此奢望了！他抬起泪痕斑驳的脸困惑地望着待问。

"是的，弟想成全你们的美满姻缘，将此楼借兄居住。一旦既成事实，嫂夫人也就不得不承认了！能有柳如是这样的良侣伴兄攻读，可谓是人间天上的美事，兄之才思将会锦上添花。"

子龙怅惘难言，他被爱的痛苦折磨着，她是他第一个深爱的女人，是理解他的知音，他非常怕失去她。可是，他已不是少年，只凭借自己的感情去行事，他得想到他们的将来，特别是柳如是的将来，他得为她的将来负责任，他得考虑他能不能给她带来幸福。他不能因为他现在最需要她的慰藉，而让柳如是终生痛苦！

他矛盾重重，不知如何是好！

待问在旁催促说："卧子兄还有什么犹豫？送诗人还在门口等回话呢！"

子龙仿佛突然醒悟过来，在纸上写下了一首绝句，便往待问手里一递。整个身子却无力地俯到桌上去了。

幸福难求亦是短暂

柳如是去到普救寺前时，街上还很少有行人，空阔的广场还冷冷清清，普救寺的朱漆大门还威严地板着面孔，漠视着她。

她为不引起他人注意，扮作远方香客的模样，坐在那棵古老的银杏树干后，眼睛却不敢离开陈府的大门。

那门还紧闭着。她的眼睛酸涩了，那道门突然间化作了一条河，把她和子龙隔开了。子龙宛若凌波而立的宓妃，她正驾着小舟在追逐着他。她奋力划着桨，追赶着。

不觉间，"哐啷"一声，陈府的大门洞开了，把她从恍惚的神思中惊醒过来，她立刻全神贯注地注视着那门口。

一个中年仆妇拎着菜篮从里面走出来。大门口又沉寂下去。

柳如是想着刚才的幻觉，忆起她在周府熟读的陈思王的《洛神赋》，还有那张挂在她卧室墙上的顾虎头绘的《洛神赋图》，为了寻找子龙，她冒着料峭的晨风，孤零零地坐在这古老的树根上，这与伫立在洛水之滨失恋的陈思王又有何异呢？她不觉伤心起来。曹植在洛水上追赶宓妃的画面又来到眼前，他的痛苦转输给了她，子龙就是她追恋的洛神。

友人感神沧溟，役思妍丽。……水而高衍，舟冥冥以伏深……

柳如是情思如潮，才思泉涌，将郁结在心中的思求和苦闷尽情吐出，一首《男洛神赋》已在心中书就。

她多么想立即见到子龙啊！把这首《男洛神赋》奉献在他的面前，让他理解她追求的痛苦。

可是，陈府的大门像张开的虎口，没有看到他从里面走出来。普救寺的香烟已从敞开的门里飘出，善男信女们满脸虔诚往庙里走去。子龙啊，你在哪里？在这杂乱的人流中到哪儿能找到你呢？

一个人想寄望于神灵，多半是他生活的信念陷入了困境，才会想到去祈求神灵，期望从神灵那儿得到启迪和指引。柳如是是决意不上陈府去探问的，那么，去问谁呢？她突然想起了普救寺的千手观音，她决定去问问她。也许大慈大悲的观士音会给她以指引。

她在小摊上买了一捆香，就着香炉里盛燃的焰火点着了，安插在莲花座前，求得一支签。谶语曰："僧敲月下门。"

此语何解呢？是说只有在月亮上来的时候他才回家吗？还是说在月亮起山后他会来探访她？无疑，这是支上上签，给她带来了希望。

她又向大士磕了个响头，走出庙来，又向陈府的大门不甘地注视了一会儿，她希望奇迹出现，子龙会突然走出，直奔她而来。

她等待了会儿，她所期待的奇迹没有出现。她得赶快回去，等待月亮升起时再来。出来的时间长了，船伯他们又要着急，四下去找她了。她留恋地向那扇大门又望了一眼，踽踽地走下台阶，弯进小巷。

突然，有个人跟在她身后叫道："姑娘，你等等。"

是唤她的吗？是谁在叫她呢？她略微迟疑了下，便站住了。

那人用很轻的声音问："你是来寻我家少爷的吧?"

柳如是吃惊地转过身，望着他。好熟悉的眼神啊，她来不及追索，便反问道："老伯从何而知我是来寻人的？"

"老汉早就看出来了。"

"你是谁?"

"我是陈府的看门人，见过你。"

柳如是"啊"了一声，往后退了一步。

"少爷自回来后，就没在家住过，听说是借住在李相公家南园。他的心情不大好。"

柳如是感激地向老人施了一礼，说："谢谢老伯！"就转身往回走。可是，那句"他心情不大好"的话，就像一根竹鞭，鞭打着她的心。她又想起那句签语，"僧敲月下门！"观音大士真乃无所不知的神灵，不到月亮升起，就给她送来了他确实的消息。今天这个早起得很值，虔诚感动了神灵，也感动了门房老人，应该充满信心，大胆地去追求幸福！

心情的缓解，使步履也轻松起来，白龙潭在望了。阿贵、阿娟向她迅奔过来。他们喜不自胜地迎住她说："我们找到陈相公！"

阿娟把手向她一伸说："这是他给你的诗笺！"

柳如是追不及待地接了过来，轻声吟着："何处萧娘云锦章……"

"云锦章！""云锦章！"柳如是琢磨着这个词儿所指为何？自他别后，她为他是写过不少诗。可是，逆旅无定，旅途遥遥，她无处投递，他从何处读到她的"云锦章"呢？她困惑地看着阿娟问："你们怎么找到他的？"

阿娟原原本本地把早上发生的事说了一遍，柳如是一把搂住了阿娟。

一阵微风吹来，柳枝仿佛在瞬间睁开了眼睛，露出了米黄色的腋苞。温暖的春风也在柳如是的心里张开了风帆。她把阿娟抱得更紧了。

回船以后，柳如是记下了普救寺前老银杏树下赋就的《男洛神赋》，并附上一封短简，让阿贵送给李相公，请他转交给子龙。

待问读完长达千言的《男洛神赋》，慨叹不已，对子龙说："措辞用典，概出自昭明之书，将其悲惨的身世和她对你的思求与寄望，寓于这么美丽的文字之中，实乃誓愿之文，伤心之语啊！"他将赋稿摊放在子龙面前，"卧子兄，绝世之才，世间少见哪！患难见真情，自古幸福都来之不易，你应该勇敢地去呼应！"他说着戴上帽子，"我这就去她那儿，我要尽我最大的力量来成全你们的幸福！当你们的月老。"

子龙感激地望着他，眼里流溢着激动之情。

待问拍了下子龙的肩膀，信心满怀地说："愿有情人终成眷属！"

待问见到柳如是的第一句话就说："兄长为你提媒来也！"

"存我兄，小弟不明白你的意思。"柳如是又喜又惊，困惑地望着他。

待问朗然地一笑，说："你呀你，装什么糊涂！卧子兄请我做月老，代他向弟求婚！"

人的一生中，还能有比这个时刻更令人激动的吗？这是她等待已久的时刻啊！她是有志不为人姬妾，可她爱子龙，她第一次见到他，就朦胧地看到一个遥远的光环，同里再度邂逅，又给了她一个神思恍惚的梦境。为追求那个美丽的梦，她浮长川，漂泊湖江，追赶到松江，可他是有家室的人，她失望了！周府的屈辱，斧砍刀刻般留在伤痕累累的心上。后来，她转向了征舆，当时她不明白，他为何有意促成她与征舆相近，后来她才知道，都是为了她的心不再受伤害，他自己却默默地忍受为爱作牺牲的痛苦！想到他为她忍受的痛苦和所做出的种种牺牲，难道她就不能为爱而牺牲那个名分？爱不就是互相奉献和牺牲吗？他爱她，视她为知己，这就够了！她终于等来了子龙求婚这句醉心的话。为了这句话，这些日子，她的心都淌血了！可是，它却在她等待得已近失望的时候突然传来。

她从阿娟手里接过茶，捧给待问说："李兄，谢谢你了！不过，小弟还有个百思不解的疑问，你能给我解答吗？"

"说吧！"待问像对待小妹妹一样，宽爱地点点头。

"既然卧子兄有这份意思，为何归来许久避而不见呢？小弟苦苦地等待你们，真个是一日三秋，他却……"她说不下去了，千般心酸，万般委屈，化作了一串清泪，扑簌簌地流淌下来。

待问呷了口茶，笑了："原来如此！你误解卧子了！正因为他仰慕你，回来后才没敢来见你。……"他进一步解释说，"云间考生大多还逗留在京师，他独自匆匆赶回，就是放心不下你呀！只因会试落第，又虑及当前的处境，他不忍太委屈你，可他又不愿让你无限期地等待。种种难处和因由，致使他进退维谷了。"他看了柳如是一眼，慨叹地继续说，"远离和阻隔不仅没使你们感情疏淡，反而更加深了爱恋，为兄是你们的挚友，怎能不为之动容！弟应谅解卧子当前处境，在他最需要慰藉的时候去同他结合。兄已决定将小红楼借给你们暂居，待他日大夫人见容，再搬回府去。"

原来卧子躲着不肯见她，也是为了她！就像那时敦促她与宋征舆交好，是为使她不受委屈那样。像她这样一个领略尽了人世悲凉，饱受飘零之苦的女子，男人们追逐她，仰慕她，只为从她那儿得到欢娱，却很少有人真正为着她的归宿和幸福着想。唯有子龙，宁可独自吞下思恋的痛苦，也不肯让她受委屈，这人间的真情，到哪里去寻呢？可她终于寻到了！她感动地跪倒在存我面前，说："李兄，小弟谢谢你！你的慷慨弟和卧子永远铭记！"

待问连忙起身去扶她说：快请起！快请起！"

柳如是却不肯起来："兄长大人，小弟还有一事相求。"

"起来说，起来说！叫兄实在承受不起了！"待问伸出双手去拉她。

"小弟只要能与卧子朝夕相处，任何困难都能安之若素。唯有一事放不下，船伯父子和我同命相依，胜若亲人，卧子的财力，不可能把他们继续带在身边，我不忍心他们再去流浪，求兄长能在贵府为他们谋一差事，能有碗安稳饭吃。这艘船，就将它卖掉，作为我孝敬大伯的一份心意。不安顿好他们，小弟是不忍离去的。"说完，泪如雨下。

待问深深地被感动了，回答说："这点小事都包在兄身上。园子也正要人管理，你们还可以天天见面。卖船的事，交我处理，你尽管放心！"

柳如是感动得又俯下身去，向待问磕了个响头，说："小弟没齿不忘兄长的大恩大德！"

子龙和柳如是，在待问的热心支持下，终于生活在一起了。虽然没有明媒正娶，也没有名分，可是，他们相爱，知音，在小红楼，他们度过了一段幸福愉快的时日。他们一同读书，吟诗论画，与几社友人一起探讨医治国家的良方妙策，寻求振兴的道路，一同编辑《皇明经世文编》和《农政全书》。

可是好景不长，他们同居的消息，被夫人张氏知道了。张氏气得几乎咬碎了牙齿，恨不能赶到南园小红楼，把柳如是撕得粉碎。可她表面上十分平静，装得没事人样，在子龙面前只字不提及此事。却借为祖母高安人送茶之机，吞吞吐吐地说："老夫人，我……"

子龙自生母去世后，就一直跟随祖母生活。高安人视他为心头肉，也百般宠爱孙媳妇，过门不久，就让她理家当事，她也会奉承孝顺，颇得老夫人的欢心，只有一桩事令高安人不安。过门五六年，还未生下一男半女。老夫人见她欲言又止，连忙关切地问道："孩子，你是有话想说吗？那就说！"

张氏突然低下了头，眼泪直淌地说："孩子辜负了老夫人的疼爱，也对不起陈家的列祖列宗！陈府五代单传……"她跪了下去颤声地说，"老夫人，让你的孙儿休了我吧！再娶个门当户对的大家闺秀生儿育女，传宗接代……"

"我的乖儿，你说些什么呀！你们还年轻得很呢！急什么。快别难过！"高安人抚着她的头安慰着。

"老夫人，你不知道孩儿这心里有多难过呀！"说着就俯在高安人的腿上哭起来，孩儿知道你老人家疼我，舍不得撵走我！"

"孩子！今天你是怎么啦？出了什么事吗？"

"没事。只是这些天我老在想，你若不愿官人休掉我，我倒想去吴地为官人物色一个良家姑娘，纳为偏房，也好生子传后。老夫人意下如何？"

泪水从高安人的眼里滚了下来，老人伸出颤抖的手，捧起她的脸，紧紧盯视着说："多谢你，我贤德的孩子！"说着就把她的头揽在怀里，"把子龙叫回来吧！"

子龙听说祖母呼唤，立即赶了回来。他也想借机把他与柳如是同居的事禀告老人。祖母疼他爱他，他相信会答应他的。只要得到了老人的谅解，张氏就不敢公开出来作梗了，他很了解妻子，贤德二字她是舍不得丢弃的，只要祖母慈悲，柳如是就可接回家中。他满怀希望地走进祖母的房间，跪下来说："不孝孙儿给祖母大人请安！"

高安人见到自己最宝贝的孙子，眼睛都笑成了一道缝，满脸流淌的都是慈爱，激动地说："孙儿，快起来，告诉你个喜事，你那贤德的媳妇要给你娶个二房，快去谢她吧！"

子龙没有立即起来。听说是张氏所为，立即感到此中必有奥妙，肯定是他与柳如是的事让她知道了。这时她提出为他娶妾，是针对柳如是而来的。这是个不祥的讯息。刚才的满腔热望，仿佛被一盆冷水浇凉了。可是，他是个顶天立地的男子汉，决不安于张氏的摆布，他得用最大的努力来争取祖母的同情与支持。他说："祖母大人，孙儿已为自己物色了个绝代佳人，请求祖母饶恕孙儿迟禀之罪。"接着，便把柳如是的身世、为人、才气等详细地向老人叙说了，最后他说，"乞求祖母恩准。"

高安人是最疼爱孙子的，孙子小的时候，她总是想方设法去满足他，从来不让这没有亲娘疼爱的孙子受委屈，可是此事非同一般。一听是青楼出身的姑娘，心里先就打起了疙瘩，不是滋味。他们家境不富裕，却是书香世家。一个正正派派的人家，怎能娶那种出身的女子呢？即使她貌似天仙，才若文姬再世，那名声总是不大好听，可是，孙儿又那么喜欢她，她又很相信孙子的眼力。她沉吟了好久，才说："你真的离不开那个姑娘吗？"

子龙坚决地回答说："非她不娶！"

老人长叹了一口气说："孩子呀！这是给我出难题哟！你找个机

会，让我先看看她如何？"

"祖母如能赐见，孙儿立刻带她来拜望你老人家。"子龙说着就站了起来。

祖孙的谈话，早被隐在帘后的张氏听到了。她本来不想同子龙当面发生争吵，眼见老人动摇了，她不免紧张，倘若老人首肯，那就不好收场了！在这样的时刻，再不出来阻止，她就要彻底失败了。于是她掀开帘子，走了过去，往老人面前一跪说："老夫人，此事万万不可！这关系到我们陈家子孙万代的声誉和前程呀！"

子龙气得趋前一步，呵斥道："放肆！此乃我之事，用不着你来多言！"又转向高安人说，"祖母大人，别听信于她！"

"孙儿！孙媳说的也在理上，尽管你说那姑娘才貌出众，怎奈她不是来自良家呀！还是从好人家里挑选一个吧！"

子龙哪里肯应承，又力争说："祖母大人，孙儿是你老人家抚养成人的，你的旨意，孙儿无不言听计从，只是此事不能从命。我们已在南园同居，既成事实，乞求祖母宽允。"

高安人的心又被子龙说软了，向他挥挥手说："把我这头都吵晕了，你走吧，等等再说。"又向孙媳妇说，"你也起来。"

子龙不敢再力争了，他害怕惹祖母生气，便退了出去。

张氏却跪在地上不肯起来，语气强硬地说："老夫人，你老人家可不能心软哪！外面传说那个女人是个害人精，知府大人曾对她下过驱逐令！官人就是因为她缠着终日饮酒作乐，才耽误了功名！"

最后这句话戳了高安人的痛处。自子龙降生，她就对孙子寄予了很大的希望，望孙成龙，光宗耀祖。子龙落选，对她的打击也不亚于子龙所承受的。现在听说孙儿的落第是由于这个女人的拖累，不禁气愤，但又有些疑惑。追问道："此话当真吗？"

"外面都这样传说着哪，孙媳岂敢欺蒙老夫人，好心的人还说……"张氏说到这里有些吞吞吐吐。

"说什么？"老人急切地问。

"孙媳不敢说。"

"说吧！"

"大官人若不尽快离开那个坏女人，就怕下科……"

高安人最忌讳不吉利的语言，她向张氏一摆手，制止道："别说了！都怪我把他娇养惯了！"说着痛苦地闭上眼睛。

张氏却紧追不放："老夫人，我们世代书香之家，可不能让一个妓女坏了陈家的门风！就是她能生子，也不能传宗接代呀！世人将会如何耻笑我们。祖母大人，你若不肯接受孙媳的请求，就让他先休了我吧！有我在就不能纳那个女人！留她就不要留我！我这是为陈家世代香火着想，决非妒意，万望你老人家明决。"

"难得你为我陈家考虑周全，对我一片孝心。起来吧！我答应你。"高安人非常痛苦地说。

子龙不忍将发生的事告诉柳如是，他怕柳如是受不了这个打击。只有将深藏的痛苦诉诸诗句。

柳如是有早起的习惯，子龙从家中回来的第二天黎明，她悄悄下了床。在子龙的书桌上，见一阕新词，题《踏莎行·春寒》，知道是昨晚她睡后子龙所写，为了不惊醒子龙，她拿起那纸诗稿，轻手轻脚地走出了房门，来到园子里，读着子龙的新作。

她踽踽独行在修竹合围的小径上，喃喃地反复念着子龙词中最后的两句："几番冰雪待春来，春来又是愁人处！"

叶尖滴下的朝露，洒湿了她的秀发和衣衫，身外和心内的春寒都在同时袭击着她，她预感到这股寒流的力量会越来越凶猛。可是，这股寒流到底来自何方呢？是社会的舆论，知府的压力，还是他的家庭？她明白，子龙不愿将心里的不快告诉她，是为爱护她。但她也不愿让子龙一个人承担呀，他们是夫妻，他们是伴侣、知音，她有义务来分担压在他心上的重荷，她要让他从愁苦里得到解脱，帮助他去实现报国大志，决不能让他被痛苦压倒。她悄悄走回来，掀开罗帐。

子龙并没有睡着，他正眼睁睁地望着帐顶出神。

柳如是脱去湿衣衫，坐到床沿，拉过他的手，放到自己的脸上蹭着，柔声地问："相公，你怎么啦？"

子龙先是微合了下眼睛，即刻又盯望着帐顶。他在想，要不要将昨晚发生的事告诉她呢？他权衡了半天，还是决定告诉她。也许两个人的力量和智慧，会渡过人生旅途中的这道难关。

子龙说完后又安慰着柳如是说："你且放心，祖母最疼爱我，不会过分为难我的。再待些时，她会自己转过弯来的！"

柳如是为了安慰他，强吞下满腔苦水，微笑着说："园子里碧绿欲滴，嫣红姹紫，空气新鲜极了。起来吧，我们出去走走。"

他们绕塘而行，才从水底探出尖尖脑袋的嫩荷上，滚动着水银似的露珠，杨柳吐絮，随风飘落。他们都尽力寻些快乐的话题来掩盖各自心里笼罩着的哀愁。

子龙望着飘飞的柳絮杨花，心里很不平静。倘若他们的事得不到祖母的宽恕，他就要为柳如是的归宿着想，他不能只为自己，而让柳如是这么不明不白地与他长此生活下去，那对柳如是不仅太不公允，也是十分残忍的。也许她又要像这杨花样随风飘零，一种剖心的疼痛突然向他袭来。一曲《浣溪沙·杨花》在他的潜意识中凝就了。

柳如是见他沉默无语，便故作轻松地把话头引向别处，她说起孙临和葛嫩娘的事来。"那日他们来做客，说我荐去的徒弟武艺有长足的长进。你问是谁，当时我笑而未答，其实，此人你也知道，我跟你说起过他的事。"她看着子龙，"就是钱大人的公子钱云！"见这个话题也没引起子龙的兴趣，她又说起了扬州那个小尼悟尘，说她后来改做了道姑，她去苏州的路上还遇到过她，"真乃士别三日，须刮目相看啊！"她朝子龙莞尔一笑，"真想再见到她。听说她已云游到天马山来了，能陪我去天马山一游吗？"

子龙不置可否，知道她是想转移他的愁绪。落花飞絮，并没有减轻他们心上的痛苦，反而加重了他们心头的负荷。柳如是抬头看了下天说："要下雨了，往回走吧！"

他们慢慢地走回了小红楼。

西方天际的乌云，伸出了长长的雨脚，不一会儿，雨点就敲响了窗外花木的枝叶，发出沙啦沙啦的声音，一阵紧似一阵，如注的大雨，宛若浇淋在柳如是心上。

海桐叶在颤抖着，樱桃树被摧弯了腰，满枝的繁花撒了一地，玉兰呻吟着。

仿佛间她化作了海桐、樱桃、玉兰……

她浑身哆嗦，无法控制了。坐回桌前，提笔写了《南乡子·落花》。

子龙傍依过来，立在她身后，无声读着，又默默地把目光投向窗外。雨，好像穿越了瓦片和墙壁，也浇淋到他的身上。他拖过一张方凳，紧挨着柳如是坐下，伸手拿过笔，就在她的词后写道：步同调和柳子……写就，又抚弄着她的秀发，轻声地说："你别难过，我去求祖母！"霍地站起身，"我这就去！"

柳如是跟着站起来，拉住他说："等等吧！这么大的雨。"

他们的话音刚落，门上就传来轻叩之声。

子龙去开门，来人正是他家的老门人。柳如是热情地请他进屋，他却只向柳如是草草施了个礼，就示意子龙跟他出去。

他把子龙叫到远离柳如是的阶沿边，轻声地对他说："老夫人要我告诉少爷，她不想见她了。"他向柳如是所在的房间努努嘴，"要你搬回去读书！"

雨点突然间变大了，几乎是倾盆而下，子龙一阵晕眩，他斜靠在墙上，老门人惊讶地叫了起来："少爷，你怎么了？"

柳如是闻声奔了过来，抱住子龙，扶回房里。

老门人拭了把脸上的雨水和着的泪水，悄悄走了。

子龙躺在床上，面色苍白。他紧攥着柳如是的手。

柳如是不知发生了什么事，但她已猜到了十之八九，既然子龙不愿对她说，肯定是与她的归宿有关，也许就和自然界刚刚发生的事那样。花木们正在做着春梦，还没来得及从梦中醒来，就被一阵风雨无情地摧打得叶零花飞了！"神女生涯原是梦！""一梦何足云？"她想起义山和微之的两句诗，难道她也是做了一场梦吗？那种梦醒之后的感觉就像小刀绞着心一样疼痛。她的梦是不是也该醒了！也许幸福本来就不属于她！何必苦苦去追寻？也许就是她的追寻给了她挚爱着的人儿带来了痛苦！

她扑倒在子龙身上。

子龙紧紧地抱住她，仿佛怕她就要飞去似的，他既不忍抛下柳如是，又不能违背祖母之命，就像一个抛上浪尖的人，不知将被抛向哪个浪谷。怎么办！怎么办？他暗自在心里叫唤着！突然他想到了待问，也许他有办法。

待问在南园的读书堂，离小红楼只有半里之遥。子龙落沉沉地坐在他的对面，等待着他的良策妙方。

待问挠着鬓发说："这主意肯定出自尊夫人！可她自己不出面，看来她已说动了高夫人，且已得到了首肯。这就有些棘手了！"他思索了会儿说，"你们的结合，就别想去求得她们的承认了！以小弟之见，只要兄执意不肯回去，她们也就无可奈何了！弟之小红楼，一如既往，任兄长期居住，只要兄努力奋发，能在下科得中，就可以带着柳如是去任上，到那时，即使老夫人不承认，她也无能为力了。"

子龙想想，这话很有道理。自此他更加奋发攻读，柳如是也全力协助他编辑《皇明经世文编》和《农政全书》。他们闭口不谈未来，就像一个迷失去路的渔人，为了求得生存，只知没命地向前冲，至于能否冲过恶浪险滩，他们也没去想。

恶浪岂肯善罢甘休！

第五天，待问差人请去了子龙。"大事不好！尊夫人昨日打到我家门上了。"他们一见面，待问就心急火燎地说，"给弟下了最后通牒，声言弟若不敦促兄在七天之内搬回家去，高夫人就要令她带着家人来砸烂我的小红楼，赶走柳如是。"

子龙被这个消息震怒了！他气愤地骂道："这个恶妇，欺人太甚！"一拳砸到桌子上，吼道，"让她来吧！一个男人保护不了自己心爱的女人，还算得个什么男子汉！她若敢来，我定要当众教训她！撕破她那贤淑的假面！"

"息怒！息怒！事情没有这么简单。她是打着高夫人的招牌来的。违背慈命，忤逆不孝的罪名兄敢承担吗？"

这一招可太厉害了！子龙无力地俯到桌沿上，悲哀地说："是我害了柳如是！这又如何是好呀？"他抬起头，求救地望着待问说，"救救她吧！存我兄。"他悲痛欲绝，抽泣着，"可怜的柳如是，她如何受得了如此羞辱！"

待问紧抿着嘴唇，在房内走来走去，一筹莫展。突然，他扑到子龙面前说："看来只有让她先避一避，你也暂时回家去！"

子龙点点头，说："也只有这样了。可是，让她避到哪儿去呢？"

待问说："我有个去处，送她到佘山……"

子龙摇头打断了他的话说："不可，不可！那样她就会知道了，反会引起她更大的悲伤。不能让她知道，她实在再经受不起这……"他说不下去了。

待问搓着手，叹息着："唉！待问技穷！"

子龙突然抬起头来说："有了！不久前她说要我陪她去天马山，看望女友。"子龙又补充说，"一个游方道姑，住在白云观。"

待问一击掌说："好！真乃天无绝人之路！"

雨慢慢地住了，它像一个悲怆至极妇女的泪水！一阵声嘶力竭恸哭之后，泪泉淌干了，枯竭了！

子龙跟着待问的书童走后，柳如是感到少有的清冷和孤独，多日来的不祥预感和一种恐惧威慑着她，这恐惧到底是什么，她又很难说清，一片茫然，一片空白，犹如就要坠入一片雾气滚滚的深渊，有种本能的惊悸。

有人轻轻叩门。阿娟带进她多次见过的陈府看门老人。

她把老人迎进屋里，请他坐下。阿娟端来了一碗热茶。

老人显得匆忙焦急，不肯坐，说有重要事情告诉少爷。

柳如是告诉他，少爷被友人请走了，还不知何时回来，让他等一会儿。

老人心神不定，他坐了一会儿，就站起来说，他不能再等了！走到门口又突然反回身来，拉住柳如是的手说："姑娘！就跟你说了吧！听了可别难过呀！"

柳如是早有预感，小红楼的生活是一个美梦。既然是梦，就会有醒的时候。什么时候醒来，她却不知道，莫非梦就要破了吗？她扶住老人说："老爹，你说吧，我能受得住！"

"听说，我家少夫人要带人来赶你了！"老人费了好大的力气才说出了这句话，"可怜的姑娘，你快走吧！"说着就拨开柳如是的手，踉踉跄跄地出了门。

这可气坏了阿娟，她蹦了起来说："笑话！又没住她家的房子，她凭什么来赶我们？偏不走！看她怎样！"

柳如是像尊木雕似的站在门口，她没有料到，她的梦就这么醒了！她寻觅了好久，才寻到了子龙。他是一个真正爱她的男子汉，一个理解她的知音，她的生命依持，幸福所在。失去他，那将意味着什么？"他是我的！我不走，我绝对不能离开他！"她喃喃地自语着。没有了他，她的心将是一片空白，什么也剩不下了，她得像个溺水人抓住生命的原木那样抓住子龙！她不能没有子龙，如同不能没有空气、水和粮食那样！子龙也需要她，他们是不可分的，她相信他们的缘分是天定的，任何人也别想拆开他们。

第一次相见，她就感受到他有种力量，一种勇于为国家、民族、他人牺牲的内在力量。他的这种有别于他人的气概和他的恳切挚诚的忧国虑民言辞，深深震撼了她，在她那荒芜的心田里，种下了一颗常青的种子；月下的东溪桥，神秘高远，她再次看到了他的笃厚、谦逊的美行；同里舟中，他通过待问的赠书，再次向她传递了他忧国虑民的心声；松江再度相逢，他视她为国士友人，想她之所爱，助她之所需。为她，他勇于牺牲自己，把对她的爱，深藏在心里，表现在理解和暗暗的保护上。她深知他的抱负，理解他视国家前途为己之前途，视报效国家如为己之生命！他们的心被共同的关注和追求所紧紧维系。

搬进小红楼那天，她亲自下厨烧了几个菜，和子龙相对而饮。酒酣，子龙话也多起来，向她说了上京见闻。现在想来，仍然使她感慨！他描叙了沿途一带饿殍遍野的情况，在山东，有全家自尽的，也有合村赴难的，凄凉的情景，令人不忍目睹。一些不愿饿死的，不得已结伙为盗。孩子和妇人有被当作牲口宰杀而出售的。他涕泗滂沱地说："内忧外患，执权者却置若罔闻，不求医治，不思雪耻！有的贪生畏死，有的只知阿谀上意。更有甚者，趁国家危难，酷榨百姓，牟取私利！柳子！大明江山将要毁在这班人手里！"他痛心疾首，自斟自饮了一杯，又说，"国家中兴之望在我辈肩上。一个以国家前途为己任的志士，喊几句好听的空言，焉能助国家昌盛！"他将他的筹划告诉她，他打算和几位盟友一道编辑《皇明经世文编》和《农政全书》。把那些经济致用的文章汇集起来，让有志于振兴国家的人们学有所依，用起来便利。他希望几社社友戮力同心，共为中兴大业，努力奋斗。

她很激动地说："我愿尽全力助相公编书。"

子龙携起她的手，一同走到窗前。烛光射到花木上，一片紫霭。她偎依在他怀中，他给她描述着未来。下科高中，皇上明鉴，给他一个展才重任，他将带她赴任。为清明吏治，休养百姓，或策马疆场，为大明中兴一展才华，赤胆忠心酬答主上。

她感动得哭了，他紧紧抱着她，他们的心被美妙的憧憬融化了，化成一体，升腾到一个梦幻似的境界。他听从了她的建议，把北上的见闻和所了解的国家形势，介绍给了全体社友，社友们听后，无不感到肩负责任的沉重，应发愤图强。

蜜月中，她就全力助他校雠书稿。伴侣、盟友、师生！多么值得珍爱的诗酒年华啊！如此知音不可再得，这样的情爱不可再有！她怎能离开他呢？柳如是宁可立地死去，也不可没有他呀！

突然，她心里响起了另一个声音："违背慈命，忤逆不孝！"

她的心不禁为之颤栗了！她明白不孝之罪的严酷性！这意味着仕途无望，削除功名。倘若张氏果真打着高夫人的招牌，赶到南园大闹一场，不要一夕，丑闻就会传遍郡会上下，子龙就要声名扫地，成了不孝子孙。这也会成为一个口实，让仇视几社的钱横和缙绅紧紧抓住，作为他们攻讦子龙和几社的有力佐证。

明清时期的民间歌舞

想到这儿，她打了一个冷颤！这事非同小可。要直接影响到他下科会试。倘若子龙因此而再次落第，他就将失去施展才华的机会，郁郁不得志，痛苦终生。他的理想，他的抱负都将付之东流！他将落寞终生，满腹经纶只能像陈丝一样腐蚀，不管他如何思求报国，如何对衰败的国势忧心如焚，他也爱莫能助呀！即使不失去她，他还能快活吗？

不！不能累及他，不能让他得个不孝罪名而葬送了锦绣前程，空怀报国志！"我走！离开他！"她在心里绝望地呼叫着。鱼，我所欲也，熊掌亦所欲也！二者不可兼得，子龙的前程和她的幸福不能兼得，她不得不以牺牲她的幸福为代价来成全子龙的前途和抱负。

她终于在飘泊和留下之间作出了痛苦的抉择，她将悄悄离他而去。

她移步到窗前，她的目光爱抚着朝夕相见的花木，青霭缕缕，远处有几堆殷红和鹅黄，看不清它们的轮廓只是堆堆色彩，她忘了它们叫什么花。右边那泓池水，又探出了数枝新荷。天慢慢明朗了。淡青色的天空，几朵变幻不定的云影，映在池底，她看到了个清明的天。她突然兴奋起来，好像这预示着子龙如愿以偿。正在使用主上给予他的权位，开创一个清明吏治之世，"建虏"逃窜了，"流寇"也得到了平抚，百姓得以安居乐业……即使她化作了飞舞的杨花、天边的白云又何妨！

她的目光从窗外收回，把它转向了室内，这里每一件物品，都可给她带来一段美好的回忆。可是，她就要永远离开它们了！就像那闪过的风，流走的水那样。

她的目光落到了那只彩绘的风筝上。这是不久前子龙亲手为她绘制的，长长的尾穗，轻飘飘的翅翼，清明前他们常在园子里放着玩的。最后一次，它飞得老高老高，看去只是一个小小黑点，她担心那绷得紧紧的长丝会突然断了，永远再也寻不到它了，连忙收了起来，再也不敢拿出去放了。她把它从墙上拿下来把玩着，泪水倾洒在上面。这一切，就将要成为甜蜜而刺痛的记忆了，她就要像那断线的风筝，随风飞去，飘落何处，无从而知。

她把风筝紧紧攥着，他们的命运多么相似啊！

她把它带到书案上，提起笔，填了阕《声声慢·咏风筝》。

阿娟送来一杯清茶，见她正在风筝上题词，目光紧跟着她的笔锋：

杨花还梦，春光谁主。明空觅个癫狂处。……

她被她的满怀愁绪感染了，什么也没说，默默依在她身边。

她将风筝依旧挂回原处，再回过身来携起阿娟的手，充满感情地说："此事相公还不知道，得瞒着他，他若知道了，会作难的，说不定要急出一场大病呢！好妹妹，千万别说出去，好吗？"她故意作出轻快的样子说，"我们过惯了自由自在的神仙生活，天涯何处不为家，我正想出去玩玩！悟尘仙长已云游到天马山来了，我们一道去看望她，孙相公和葛嫩娘也在那里。我还想向他们学习剑术呢。"她又黯然自语，"这给相公的打击……唉！不说了。走，看看大伯去。"

她和阿娟来到荷花池边的平房内，老人连忙用衣袖擦了凳子，请她坐下。柳如是情不由己地凝视着老人问："大伯，过得还好吗？"

"好好！李相公真是个好人啦！管家也厚道，对我很照顾。"

柳如是微笑着说："日后有什么难处，尽管跟李相公说。"

老人直摇头："没事没事！这已经过得够好的了！我又能天天见到你，这就比什么都好！好人总是有好报的，孩子呀！你总算挑了个好大官人，我这心熨帖着呢！"

柳如是强忍住内心的悲哀，拉住大伯的手，几乎脱口而出："我就要离开你去流浪了！"但她强把它咽了回去，"大伯还记得悟尘仙长吗？她云游到天马山白云观了。我想明日去看望她，在那玩几天。我不在时，您老可得自己保重呀！"眼泪要夺眶而出了，她赶紧站起来，拉上阿娟走了。

她俩无言地坐在草径上。

离去，就意味着永远失去，柳如是虽已暗暗下了离去的决心，可这生离的痛苦也不逊于死别啊！她反反复复吟着子龙去京会试时，她用以安慰自己也安慰子龙的诗句："……别时余香在君袖，香若有情尚依旧，但令君心识故人，绮窗何必长相守？"她想从中得到一点解脱和慰藉，也希望他理解她的不辞而别。

可是，一切人为的枷锁，时间和空间的远隔，又怎能禁锢两颗心灵的追逐呢！即使他们的身体永远分隔，但他们的心却是无法分割开的。离别，失去，都将实实在在，就像这难忘的南园。

她每日活动其间，她喜欢它的野趣、幽静，可是，一旦意识到就要永远离开它，它在她心里的分量就倏然加重了，位置也变得重要起来，它的一景一物都和她的恋人相系着啊！她和它们之间也就有了割不断的情丝。她要去最后看它们一眼，向它们道声别：

人去也，人去凤城西。细雨湿得红袖意，新芜深与翠眉低。蝴蝶最迷离。

阿娟像影子一样相随着她，她们默默无言来到了鹭鸶洲。她和子龙常来这里散步，新荷刚刚吐绿，柳丝悠悠，鹭鸶不知何处去了，空留一堵沙丘，一泓碧水，系着离愁。

人去也，人去鹭鸶洲。菡萏结为翡翠恨，柳丝飞上细筝愁。罗幕早惊秋。

小池台，蓼花汀，美景依旧。物是人非，留给她的只是凄凉和别恨。她俩低首在那儿久久徘徊。

人何在，人在蓼花汀。炉鸭自沉香雾暖，春山争绕画屏深。金雀敛啼痕。

回忆给人带来痛苦，也给人以甜蜜。她和子龙曾在石秋棠内捉迷藏戏耍，好像就在昨日一样。

人何在，人在石秋棠。好事捉人狂耍事，几回贪却不须长。多少又斜阳。

往事犹似云烟，滚滚沸沸，向她眼底涌来。明月之夜，他们泛舟烟雨湖上，微风送来瑞香那好闻的香味，杨柳长坠水里，今昔香霭依旧，人却要永远离去。

人何在，人在烟雨湖。篙水月明春腻滑，舵楼风满睡香多，杨柳落微波。

一个人的感情多么不可捉摸啊！此时，她突然产生了一个幻觉，眼前的景物、草木，都在垂泪哭泣，它们在挽留她："别离开呀，柳如是!"仿佛有两双手，在她心上争夺着理智和感情，是去是留？

人何在，人在玉阶行。不是情痴还欲住，未曾怜处却多心。应是怕情深？

阿娟扶着她，踽踽走回小红楼，往昔种种快事，统统蒙上了酸楚，明朝谁扫残红呢？她归何处？

人去也，人去画楼中。不是尾涎人散慢，何须红粉玉玲珑。端有夜来风。

她每到一处，吟就一首《梦江南》，不觉间就回到了现在还是家的家中，想到明日就要离它而去，顿觉浑身无力，她跌坐在床沿上。阿娟侍候她躺下，泪水像那流泉，汩汩涌出。

人何在，人在枕函边。只有被头无限泪，一时偷拭又须牵。好否要他怜。

她无声地哭着，偷偷拭着泪痕，嗅着留在床上那熟悉的气息。无限迷醉，无限留恋……她打了个盹儿。

人去也，人去梦偏多。忆昔见时多不语，而今偷悔又生疏，梦里自欢娱。

不知睡了多久，依稀之中，她感觉到有人为她拭泪。她微微睁开眼睛，看到是子龙。睡意倏然而逝，她被理智拉回到严酷的现实中。她强吞下一腔苦涩的水，朝子龙嫣然一笑，说："近来天气晴和，我想明日就去探望悟尘。"

子龙正为不知如何开口才不致引起她猜疑而作难，没想到就这么顺畅地解决了！子龙欣喜地站起来说："这个动议甚好，我亦想去宽散宽散，我陪你去！"

柳如是却连忙说："不！你不能去！你……"她自感情绪有些外露，忙又改变语气说，"你是读书之人，应以学业为重，常言道，一年之季在于春，你不能放弃这春天读书的好时光，切不可跟随我们四处为家之人到处游荡。"

子龙感到柳如是话中有话，莫非她已知道？他坚持着说："处处留心皆学问，游历如读万卷书，这不是你常说的话吗？何况不会耽误多少时间，我们很快就可返回来。"

柳如是认真地回答说："我看望的是女客，你个相公跟去诸多不便。再说，你也有好久没有回家了，你是老夫人一手抚养长大的，她多日见不到你，能不想念？你应该回去看望看望才是。多多顺从老人的意愿，才算是尽了当孙儿的孝道。"

子龙感觉柳如是的话语有些特别，仿佛是一盆沸油炙灼着他的心，他痛苦得几乎要喊叫出来："柳如是！你别说了！"他又想安慰她，讲点别的，比如，说天马山有许多琳宫梵宇呀，圆智寺中还有著名的二陆草堂呀，山巅还有七级浮屠呀，劝她同悟尘好好玩玩，等他去接她再回来呀！可是，说多了又怕她多心生疑。他装得像什么也没有发生，什么也没想似的说："好吧，恭敬不如从命！"他尽力想做出一个平静的笑，却失去控制地滚下了两颗热泪。柳如是却装着什么也没在意。

晚上，柳如是亲手为子龙做了几个菜，吩咐阿娟说："我想与相公喝个痛快，你不用侍候，趁空去收拾下日用物品，明早好动身。"支走了阿娟，她取来了两只特大的酒卮，满满斟上说："与君相从以来，还没有满饮过，今晚，我们来尽一回兴吧！"说着，端起酒卮，"这一杯，为我俩真诚的爱而饮！"说着仰脖一饮而尽。

子龙望着她，也悄悄地干了。

她又给两人的酒卮满满斟上，端起说："这一杯预祝你下科金榜高中！"

柳如是为每杯酒都找着了一个名目。一杯一杯地劝着酒。

子龙心生疑窦，很想说出来，却又不敢说，害怕道破那层纸，只是默默地喝着酒。

他们喝着喝着，让酒浇灌着各自心中的忧郁，她举起剩下的最后一杯酒说："看！这多像中秋的圆月，又多像我们清澈透明的心啦！它已融合在一起，无法分开了。来！我俩各喝一半，吞在肚内，记在心里，永远留下个圆满的记忆。"

子龙两眼饱含着泪水，抬头望着柳如是说："你？……"

"喝吧！你先喝，我后喝。"她把酒送到子龙嘴边。

子龙接过喝了一半。

柳如是一口喝下了子龙余下的一半，说："啊！今晚喝得痛快，漫说分离，就是死别也无憾！"

阿娟进来的时候，他俩已醉成了一摊烂泥。子龙伏在餐桌上，柳如是倒在太师椅里。

人何在，离去也

十天过去了，柳如是没有回来；半月过去了，柳如是还没有回来！子龙的心随着岁月的延伸，一天比一天沉重。偶然，他在柳如是的粉盒下发现了一张折叠成飞鸟似的花笺。

他小心翼翼地展开了，是阕调寄江城子的《忆梦》。

突然间，他的心仿佛被掏空了。支撑着他的那根柱子也倾圮了。这明白不过了，梦已醒了，她无可奈何地去了。他领教过她的顽强，决定了的事，就一定要去做。他失魂落魄地瘫坐在椅子上，梦呓似的说：

"她走了，不会再回来了！不会再回来了！"给过他多少欢娱的小红楼，仿佛也突然间变作了墓地，他感到从未有过的寒冷、孤独、沉寂！他们的爱难道就这么完结了？真的是场醒了的梦吗？

"柳如是！柳如是！"他用尽力量呼唤着这个亲切的名字，他质问苍天，"为何容不下我的柳如是！"

他的视线落到哪里，哪里就出现她的幻影，书桌旁，窗台边，妆镜前……

"柳如是！柳如是！……"

他叫着扑向她。

可是，他总也抓不住。

是谁要拆开他们呢？是祖母？是恶妇？是命运？还是可恶的世道？

苍天，你能回答他吗？

"柳如是，等待着你的又将是什么呢？"他的眼前出现了一片汪洋，在无边无际的天海之间，他望到了一叶苇航，一片柳叶。他伸出手，近乎疯狂地呼喊着："柳如是——"

他的声音震撼着空空如也的小红楼，它发出了悲怆的回声。那变了调的音节，在南园的花木丛中、荷塘间回荡着。

柳如是走了，丢下了他，这空寞，这冷寂，何以忍受得了？

他算什么名士？算什么大丈夫？竟没有力量保护自己深爱的人，反而要一个弱女子去为他作出痛苦的牺牲！他痛恨自己！命运为何安排给了他一个悍妇！一个爱他又不理解他的祖母！一边是祖母，一边是柳如是，两者他都爱，两者又不可并存，叫他如何是好！他无以解脱这心头的苦衷。愁肠百结，似梦非梦。

猛然间，他仿佛从梦魇中惊醒过来了，疯也似的奔出了门！

她的面影迎面扑来，就像那些一闪而过的景物。他还没有来得及认真看上一眼，她就闪逝了，他微微闭上眼睛，她又以另一个姿影出现了，仿佛同他捉迷藏，忽隐忽现。

山路逶迤，离枝的落叶铺满了不规则的石阶。他惊诧地抬起了头，向山顶望去，难道秋天已不声不响地来了吗？他很熟悉这儿，往昔常跟友人们结伴来游，留在他记忆里的那些醉人的青霭绿雾，如今换上了灰褐色的僧衣！虽然有数片如血的枫叶，还在树头颤颤抖抖，但它已没有了那种生命活力，只要秋风喘口气儿，它就会从枝上飘落地上，宛若一泓一泓离人的红泪。马蹄踩在上面，发出哗沙哗沙反抗的悲泣。马儿仿佛也失去了奔驰鸣啸的勇气，气息奄奄了。他本来就凄苦的心上，又添上了一笔冷色。

他在白云观前下了马。

可他来迟了，柳如是已在前几天就离开了天马山，去到了一个未知的地方，留给他的只有一沓诗稿。

他迫不及待地接过道童递上的诗稿，匆匆地翻开了。一篇长达三千言的《别赋》，一首《悲落叶》和她在告别南园时即兴吟就的《梦江南·怀人》二十首。

他倚着马背，先读《别赋》：

事有参商，势有难易。虽知己而必别，纵暂别其必深。冀白首而同归，愿心志之固贞。遮乎延年之剑，有时而合，平原之籍，永永其不失矣！

"知我者，莫过于柳子也！"

子龙在心里长啸一声，没有勇气继续读下去了！柳如是之心，跃然纸上。她的忍痛割爱，不辞而别，完全是为着他这个江左才人的心志、抱负。悠悠眷恋、拳拳赤心，在他心里树起一尊殉道者的雕像，这尊像有如一盆炭火，烤炙着他的心。他不知是感激，是负疚，还是激动，浑身的血液热得沸腾，充胀了所有的脉管。他怎能有负她一片真情？怎能让她伤怀失望、为他作无价值的牺牲？

他忘了向道童致谢，也没有再打听她的什么，他相信她远离了系情之地。他一把拽过缰绳，纵身跳到马上，用力扬鞭，马儿向前奔驰，他紧紧攥住绳缰，身子几乎是斜挂在马背上。他也不知是从哪儿来的力量，竟无一点怯惧情绪，根本没去考虑他会被甩下来，跌在山石上，筋断骨折。

这是柳如是给他的力量，一个女人以牺牲自己的幸福和爱情给他的激励！他打马在天马山山脊狂奔起来。

"我要报答她！"他一边奔驰一边想。她是个不同寻常的怪女人，共同的生活中，他更加了解了她，她非常关心国家兴亡大事，她不需要再回到他身边为姬妾，这样的酬答，她不需要；她也不需要他报以她财富，她只希望他成为挽救大明的英雄，干一番惊天动地的大事业。她决不会原谅一位江左才人为一个女人去放弃酬国大志的！

作为一个男人，他总感愧对于她！那沓诗稿像一团炉火样烘着他的袖笼。他突然联想到他们从相识、同居到分离的几年中，她写了大量的诗词歌赋，何不为她汇集成集，刻印传世，作为他们这段值得永远珍爱生活的纪念，这个酬答，也许不会遭到她的拒绝。即使目前他还没有这个财力，但他这个心愿是一定要实现的！他要亲自为她写序，评她的诗艺、才智。

他让坐骑伫立在天马峰的鞍座上，极目眺望。远处，那些不规则的水面宛如久未揩拭的青铜镜，朦朦胧胧，游离着一层尘雾。天水苍茫，旅路无尽头，柳如是，你在哪里？

她在杭州。

这是她第二次来这里。

六年前，她告别了天马山诸友，携阿娟扁舟载书，重新浪迹湖山，与高才名士相游。崇祯十一年，在嘉定，为摆脱恶豪纠缠，逃来杭州，投奔故友汪汝谦，寻求保护。恶豪却不肯放过她，竟跟踪到杭州，她又不得不悄悄离开西湖。

两次草衰，两度菊黄。柳如是失迹西湖两载，又突然像一片轻云那样，不声不响地飘回了杭州。

这两年，她寄迹嘉兴南湖，借住在吴氏花园养病。主人虽然早已退居林下，但他从未失去过对政治的兴趣，他的社会关系很深很广，上至朝廷、皇上，下至文社、江湖名士。她作为他的一名清客，是不会寂寞的，她随时都能感受到时局的脉搏，这也加重了她心里的重荷，因而她的病久久不能痊愈。

一日，存我的友人蒋生来嘉兴访友，应子龙之托，特来看她。

虽说子龙一直关注着她的踪迹，不时托友人带给她寄情之作，可仍然是书沉梦远，常常是很长时间得不到彼此的讯息。

何限恨，消息更悠悠，弱柳三眠春梦渺，远山一角晓眉愁，无计问东流。

这是泪水凝成的诗句啊！字字叩击着她的心弦，还有《长相思》！

他终于在丁丑之年中了进士。但朝廷并没有取用他，他只空怀热望，回南园继续读书，与几社盟友共务社事，继续进行《皇明经世文编》和《农政全书》的编纂刊刻工作。每每想起自己的不得志，就自然联想到柳如是为他作出的牺牲，想起她为他而飘零，就怆然泪下。失去了的，永远失去了，就像流去的水，不能复回。他只有将遗恨深藏起来，寄托在诗词中。小红楼，他仍住其间，它无时不引起他对她的怀念，那是他一生中度过的最幸福的岁月，她给过他无价的欢乐。那时，他们几乎每日都有诗词唱酬。每当他孤独寂寞之时，他就重新咀嚼她留下的诗词聊以自慰。他已将她的诗词辑为一集，作为对他们这段美好生活的纪念。汇集了诗一百零六首，词三十一阕，赋三章，题为《戊寅草》，他亲笔写了序。他希望在付梓之先，亲交她校雠一下，看看是否有所遗漏。而且，他们已有四年未见，很想看看她。他想借去大涤山谒师之机，于八月十八日钱塘观潮会上与她相见。

她欣然应允，如约来了杭州，受到汪氏夫妇更为热情的欢迎。他们知道柳如是此行是为见子龙而来的，非常高兴，他们希望他俩重新结合，为了方便柳如是与子龙相见，汪夫人对观潮作了周密的安排。她让柳如是主仆仍然着士人装，为她们准备了匹很驯良的马，以便单独行动。他们一家则另坐轿去。

柳如是早就听说，钱塘江观潮，自古蔚为天下奇观。每逢这日，杭州就出现万人空巷的盛况。从十一日起，城里就有人前往观潮，王公贵族，文武百官，带家携眷，骑马坐轿，随从簇拥左右，前往江边。市民百姓，有坐大车的，也有步行的，三教九流，汇杂其间，形成了一股滚滚的人潮，涌向江边。据说，从庙子头到六和塔十多里长的江边，早就摆满了各种小摊。

柳如是和阿娟随着人流，来到了江边。

真是名不虚传，小贩们把车盖担儿打扮得花团锦簇，枣箍荷叶饼，笋肉包子，炸肉包子，芙蓉饼，七宝酸陷，鹌鹑馉饳儿，团鱼，糟猪头，红熬童子鸡……摆满了干净漂亮的器皿；酒店里挂着红绿帘幕，门口挂着贴金的红纱灯、栀子灯，柜台上摆满山珍海味，水陆名馔，应时鲜果。

她俩下了马，看了看菜牌。上面写着：五味杏酪羊，海蜇鲊，鹿脯，酒吹鱼……应有尽有。

突然间，身后传来一声吼喝，她俩吓了一跳，立刻转过头看去。

一个肮脏的丐儿两手攥着一块芙蓉糕紧紧搂在胸前，从点心棚里踉踉跄跄出来，两个身强力壮的跑堂吼喝着追赶，其中那个大个子一伸手就拽住了他的头发，他痛得龇牙咧嘴，但却没叫喊。落后一步的矮胖子跟上去就给他一记耳光。

柳如是心里一颤,她突然忆起了她寻父扬州的遭遇,立刻赶了过去,向堂倌求着情说:"两位小哥,息怒!这孩子是饿急了,饶了他吧!"

"哼!说得轻巧!饶了,饿急了,饿急了的人多着呢!都去偷,去抢?"高个子堂倌不客气地回击着她。

"是呀,不能都去偷!都去抢!"柳如是向他施了一礼说:"放了他吧!这块糕钱我付。"

阿娟送上去一串钱。

"这些钱都买了糕,让他吃个饱。"柳如是补充着说。

高个子堂倌看了柳如是一眼,放开了丐儿。

矮胖子接过钱,在手里掂了掂,对丐儿说:"贼坏!该你走运,遇到个仗义的公子,下次再撞到老子手里,看老子不掐死你!走!跟我来取糕。"

丐儿被尘垢污脏的脸上,有对乌亮的眼睛,那圆溜溜的眸子向柳如是转了几转,射出一束迷惘的光,仍然怯生生地站在原地。几个路过的人见他这副模样都笑了起来。

阿娟催促着:"去呀?我家公子给你买了糕,去拿呀!"

高个子堂倌已来到他面前,将用荷叶包的一包糕递到他手上,虎着脸对他说:"臭架子还不小呢!看在这位公子的面上,我给你送出来了。"

丐儿却不急着吞食,而是把它紧紧揽在怀里。柳如是催着他说:

"吃呀!"

他吞下一口唾液,抬起眼睛,骨碌碌地转了几转,像蚊子样嗡了一句:"阿妈饿得……"

柳如是懂了他的意思,他要留给他阿妈吃。她心里一阵酸楚,向他挥挥手说:"去吧!"

丐儿消逝在人群里了,柳如是却久久怅然不安,谁能救得了这些可怜的孩子!谁能救民于水火?清明吏治在哪里?卧子,你何时能有展才的机运呢?

她俩转过身,就望到了茶肆的幌子,她们已感到口干了,就将马系在一棵柳树桩上,走了进去。

茶桌上插了应时鲜花,墙上挂着名人字画,柳如是不觉渐渐忘了刚才的惆怅,倏然兴奋起来。墙上还有她的一幅书,没有上款,大概是从松江她的书摊上买来的吧?阿娟见此,简直有些喜形于色了,她用手指暗暗捅了柳如是一下,两人相视一笑,竟忘了她们现在是"士人"!她们每人要了一碗龙井茶,阿娟喝得很香,称之为奇茶异汤。

她们从茶馆出来,就让悠扬的音乐声吸引住了。阿娟牵着马就向传出乐曲声的地方走去。柳如是知道阿娟想看看热闹,也就跟了上去。

没有想到,这个地段是个神奇的艺术领域,汇集着各种艺术形式的表演:耍杂技的,做杂剧的,演木偶戏、皮影戏的,说话本故事的,锣鼓喧天,急管繁弦,以各种方式吸引着游人。瓦子勾栏也来这儿争相演出。

柳如是无心观看表演,望着万头攒动的十里江堤,焦虑起来,这到哪儿去找子龙呀！岂不是大海捞针一样困难吗？

突然，前面有个背影引起了她的注意。那不是不久前传信给她的蒋生吗？她立刻兴奋起来，拉着阿娟就跟了上去。

蒋生好像有意跟她捉迷藏似的，在人堆里忽隐忽现。

她们紧跟在后面，任她们怎么赶也赶不上。

蒋生的背影消逝在临江酒楼的大门里了。

她让阿娟在门外系好马，一同走进了酒楼。她们先在楼下席面上寻了一遍，不见蒋生，迅即向楼上雅座走去。

蒋生果然在里面。

柳如是高兴了。

蒋生背门而立，正躬身在向什么人行着礼。

柳如是的心突然剧跳起来，莫非里面那人就是子龙？分别数载，他们就要相见了，柳如是不由得一阵激动。

里面传出了蒋生的声音："在此巧遇世伯，幸甚幸甚！小侄给世伯请安！"

不是子龙！那么是谁呢？柳如是耐心倾听着。

"免了，免了！贤侄一人来此观潮？"

这声音好熟呀！柳如是不由得警觉起来，这声音使她忆起一个人，她从精巧屏风的缝隙向里间雅座窥了一眼，是钱横！他也在这儿！她只好在另一个隔间坐下来，等候着蒋生。

"小侄在寻找一位友人，失陪了！"蒋生已转过了身。

钱横挽留着："贤侄不用客气，坐，同饮一杯，这儿没有外人，这位乃嘉定名士谢举人。"

"久仰！久仰！"蒋生的声音中分明显露出敷衍之情。

谢举人，嘉定名士，不就是谢玉春吗？冤家路窄！蒋生也许是代子龙来寻她的？看来他被钱横拖住，一时半刻走不了。柳如是小声地唤来跑堂，要了一壶酒，几碟菜，同阿娟对坐，借饮酒等待着蒋生。

蒋生喝了几杯酒，话也多起来："今日钱塘观潮，大会天下英雄豪杰，还有美妹柳如是重会华亭才子陈子龙之雅事呢！"

"哼！"钱横皮笑肉不笑地喷出一个单音，盯着蒋生问："欲破镜重圆？"

蒋生惊诧地望了他一眼。他本意是当作一桩雅事来说的，不料知府大人竟是这么一副神态，此中必有蹊跷。他有些不自在起来。

谢玉春端起酒杯，一饮而尽，自言自语地说："她又来杭州了？"语气里渗出一股愤恨，"好哦！"

蒋生后悔不迭，他是李待问的友人，一向敬重子龙和柳如是，没想到却引出对他们一番不友好的议论，他不想继续这个话题，而且他和子龙走散了，他要去寻他，就起身抱拳说："恕小侄不能多陪，告辞了！"

阿娟起身欲跟上蒋生，后面隔间却传来了钱、谢的对话，柳如是拽了她一下，她会意地又坐下了。

钱横早就从谢玉春的表情和他那恶狠狠的"好哦"里品出了其中味道，那是积怨和仇恨的发泄。他暗自一喜，面前这个气盛的男子，可以利用来宣泄他的难言之恨。便故作惊讶地问："三长兄认识柳氏？"

这句问话，有如一把长棹，同时在谢玉春和柳如是的心里，搅起了沉怨积恨的波澜。

谢玉春无声地叹了口气，低头看着酒杯，往事似乎都凝缩在酒里。

刚到松江访友，他就听友人说："谢兄，今日有位绝代佳人要在白龙潭义卖赈灾，弟已接到邀请，兄愿意去一睹盛况吗？"

"哦？谁人？"他颇有兴趣地问。

"柳如是！"

他们结伴同行。

果然是一个绝代尤物！悠然坐在船头，轻抚古琴，从她那纤纤玉笋似的指尖，流淌出让人飘飘欲仙的乐曲，倾倒了一湖的人。她的美使他心神不定，突生一种占有的欲念，急令老大把船挤到她的船前，捐了随身携带的所有银两，可她却连他的姓氏也没问一声。他暗暗发誓："一定要把这傲慢的女人弄到手！"

他听了管家的主意，乘将跟着柳如是的小舟，抵到堤岸边。

这条宽阔的水道，是通往嘉定的必经之路，两岸生长着丈许的芦荻，芦花正放，接天连壤，给这段水路，增添了恐怖和神秘的色彩。

水上没有行船，岸上也没有人烟，两个女人见到这个阵势，还不要吓破了胆，乖乖就范吗？谁知柳如是竟不惧怕，走上船头，不卑不亢，音调不低不高地问："谁是当家的？"霎时间，他们反倒有点不知所措了。还是管家挺身而出，他俯视着柳如是说："怎么？要见我家老爷吗？我得让你知道我家老爷的声望，然后你再求见如何？"他有些夸张地一挥手，"我家老爷乃江左大名鼎鼎的举人，又是嘉定的首富，拥有湖田万亩，家财万贯，仆妇成群……"

那女人不但没被镇住，还讪笑着揶揄地问："这湖这水，这河道也属你家老爷所有吗？"

管家被问得张口结舌，自己只好抬步上了闸板，说："柳如是，我没有认错吧？我在此等你多日了，知你已脱离几社的束缚，本人仰慕你的才貌，欲筑金屋藏娇，你看如何？"

那女人突然放肆地笑起来。又倏然收住，冷冷地回答说："相公盛情，柳如是深表谢意！相公既知道弟之姓名，大概也略知弟之脾性？本人是个不爱金屋爱逍遥的浪人，恐怕是勉强不得的吧？"

"柳如是，你是聪明一世，糊涂一时，在此没有人烟之水面，能由得了你吗？"说着，向左右示意，"迎接新姨娘过船！"

正在相持不下时，一艘栗壳色的大船向这边开来，他的心一下凉了半截，他已认出了站在船首的人是自己的座师钱谦益！一别数载，偏偏在此邂逅相逢，真是晦气！

被称作座师的长者，机敏地扫视了下眼前的场景，面色沉落下来，但他又不好说自己什么，借口同路，就相邀一起起航了。

自己心里虽窝着一团火，也只好罢休。

柳如是也在沉沉地看着酒，流逝的往事仿佛正从杯底浮升。

她把玩着大红请柬，指着"谢玉春"三字："先生，这姓氏好熟呀！"突然，她眼睛放出光来说，"学生想起来了，就是他出资刊刻了《嘉定四君集》，对吧？学生揣测，此公是位轻财、惜才、爱才，卓有远见的君子！学生久有拜见之愿，不曾料到他竟先来邀请，先生为何没代学生应承？"

嘉燧回答说："没有征得你的同意，老朽怎好越俎代庖！"

她娇憨地说："先生不能做主，谁能做主呢?"

嘉燧沉思不语。

"先生，怎么不说话?"她惊异地注视着老人。

"还是不去的好！"老人冒出这么一句。

"盛情难却，怎能不去?"

"按说，他亲自来呈请柬，理应前去拜谢。可是，柳如是，你不是说，我能做你的主吗?以老朽之见，还是不去吧！"

"为何?"

"这个你就不必究问了！"

她坠入了五里雾中。来到练川，就是希望结交更多的才子名流，增长才学，广博学识。在阅读《嘉定四君集》时，从刻书序中，得知是谢玉春出资编刻了这部著作，使无力刻书的诸老诗篇能流传于世。而受惠者之一的孟阳老人，为何对他持这种态度?其中必有因由。便激将地说："先生不道出不能去的原因，学生一定要去。"提起笔就要在一张花笺上写回复。

嘉燧一把夺过信笺说："别写了，我告诉你：出资编刻《嘉定四君集》的是他，湖上拦截你的也是他！"

几天后，谢玉春又找程嘉燧，开门见山提出请他做月老，要纳柳如是为妾，他自诩是练川赫赫有名的缙绅，又有恩于这位松园老人，事无不成之理。谁料被深知柳如是志向的老人拒绝了。谢玉春曾读过柳如是题墨竹的诗："不肯开花不肯妍，萧萧影落砚池边，一枝片叶休轻看，曾住名山傲七贤。"他嗤之以鼻，他就不相信这种女人能独立于世，即使是一竿孤竹，也要移植到自己的庭院里才甘休。因而他再次闯进程府，横蛮地提出练川历来有抢婚的风俗，威逼之下，柳如是悄然离去，程嘉燧也走了。

"谢兄，为何不悦？"钱横故作惊讶地问。他又放低声音，作出一副关切之情，"莫非谢兄与那柳氏有段风流积怨？"

沉湎在往昔怨恨里的两个人，几乎是同时被钱横拽回到钱塘江边的酒楼上来了。柳如是暗自一声冷笑，她倒要听听这个无赖将如何作答。

钱横一言中的，谢玉春也暗自吃了一惊。他很想寻人一吐心头之恨，可这些都是不能公之于世的，张扬开来让人耻笑，有伤大雅。他摇摇头，打个哈哈掩饰面部尴尬，说："只闻其名，未见其人！"

柳如是碰了碰阿娟的手，两人相视一笑。

钱横认定自己的推断正确，他谢玉春是有难言之隐，也许和自己一样，受过那个妇人的戏弄，憎恨那个妇人，只不过还未寻到报仇的机会。现在这个机会来了，他得紧紧拽住谢玉春，借他的盛气，泄泄他的心头之恨。他兴奋起来，呷了一口酒，故作惊讶地说："兄台枉为一方首富，风流缙绅！风靡了江左名士、清流的名姝竟没见过，岂不枉哉！"

"大人此言差矣！一个征歌侑酒的歌妓，"谢玉春摇摇头，显出一副不屑一顾的样子，"何足为奇！"

"兄台有所不知，老夫见过这妇人！"钱横神秘地放低声音，把柳如是如何美貌绝伦，如何风流放荡，如何机敏聪颖，绘声绘色地说了一通。还说他为净化郡邑风范，两次要驱逐她，都因他太爱才怜才，又放弃了驱逐之念。他说到动情处，竟拍了拍谢玉春的肩膀说："兄若得此女，那才是人生一大快事！以老夫之见，江左，唯有兄台配享此女！"

谢玉春那腔被抑制了两年的欲火，被钱横这么一拨拉，又旺旺地燃起来了。他很想能得到钱横协助，他是一府之尊，只要他肯帮忙，不愁柳如是不就范。他试探着说："听说，这个妇人很不好制服呀！"

"兄今日是怎么了？难道惧她不成！老夫就不相信，三长兄没有陈子龙的手段！"

这话有如一把匕首，插进了谢玉春的心，一股妒火直冲心中，这个贱妇，竟敢鄙视我，小瞧我，他"哼"了一声，望望钱横，又自语似的吟哦着："'花非花，雾非雾，半夜来，

明清时期歌舞木雕

天明去，来时春梦几多时，去似朝云无觅处。'大人，你没听说有人以白香山这首词目她吗？学生上哪儿去寻她呢？"

钱横把身子往椅上一仰，笑了起来："兄果真想得到此女，老夫当助你一臂之力！"他向谢玉春偏过身子，放低声音说，"我已得到可靠消息，她现下榻在西溪横山汪氏别墅。"说着诡秘地一笑，"老夫将助兄断了她松江之路，你再断了她的嘉定之路，我俩联手合作，看她还往何处浪去！只要兄台锲而不舍，柳氏自然是你金屋之人！"

"那时，学生一定备盛宴答谢府台大人鼎力协助之恩！"

"老夫等着喝贤契的喜酒！"

"一定，一定……"

柳如是听不下去了，怒火中烧，她不想再听了，她还得去会子龙呢。她起身离座，去追蒋生。来到楼下，已不见蒋生的踪影了。

太阳落山了，柳如是仍带着希望在各处寻找子龙。她的眼睛看花了，腿也走麻了，她仍然在寻，在走，她想子龙就在这十里长堤上，他们贴得这么近，一定能找到他！她心里装了多少话想倾吐呀！她希望这次他们一同去游孤山，上灵隐，畅叙别后之情。她还要同他去西泠观菊，作一幅采菊长卷，让他品赏一下她画艺的长进，他一定会从凄凉的寒花中，感受到她不愿说出的悲凉。

阿娟见她累了，就扶她坐到马上。她们来到了一个宽阔河滩地带。这里地势低，芦荻疏落，观潮的人也不像别处那么拥塞，空气仿佛也比别处清爽得多。千里大江，风平浪静，没有一丝声音。柳如是在马上举目望去，一江秋水泛着白光，大地一色，水月互助弄影，幽雅恬静。

突然，有人欢叫起来："来了！来了！"

她举目四望，还以为是她等待的人儿来了。

"潮头来了！"又有人高呼着。

她这才怔怔地把目光投向东边的天水接壤处。乱云飞渡，白光微微泛起，远处传来如同群蜂歌舞的嘤嘤之声。人们呼朋唤友，跑着，跳着，争相拥到最好的观潮角度，占据较高的地势。柳如是忙将阿娟也拉到马背上。

黑蒙蒙的天水之间，出现了一条白练，时合时散，横江而来。倏然之间，月碎云散，潮头突然涌起，犹如白马凌空，琼鳌驾水，挟带着雷鸣般的巨响，震撼着天野，呼啸着，铺天盖地扑面而来。人们又本能地惧怕着被潮头吞噬，后退着。柳如是紧紧抱着阿娟，她们也被这大自然奇特现象惊得瞪大了眼睛，只见面前仿佛是有千座冰峰，万座雪山，飞驰而过，湍沫飞溅，犹似满江碎银在狂荡，前浪引着后浪，后浪推着前浪，云吞着浪，浪打着云，它们厮咬着，格斗着，直到互相撕扯得粉碎！

突然，一些手执彩旗、红绿小伞的弄潮儿，跳进了汹涌翻滚的潮中，踏浪翻涛。有人竟执水旗五面，在浪峰波谷中起伏腾跃而旗不湿。阿娟惊呼着拍起手来，柳如是也钦佩他们的勇敢，也为他们的安全捏着一把汗。这时，她们看着楼阁上有人向江里抛掷彩钱，弄潮儿们争相抢接，又引起一阵欢呼声。

柳如是多么希望子龙能跟她一道观看这大自然的奇观啊！

潮头过去，人们又像潮水那样向城里的路上涌去，柳如是抱着阿娟，不觉黯然神伤。人们把八月十八日这天，视为大自然的主人——人类与江潮相会的团圆日子，她也是满怀一腔热望长途跋涉，来赶赴梦寐以求的相会。看潮人怀着对大自然的虔诚而来，她是怀着对子龙不渝的爱而来。会潮的人心满意足地回去了，而她却怅然若失地立在苇滩上。惆怅主宰了她。是子龙没来呢，还是失之交臂？她相信子龙来了，他也正在因为没有寻到她怅然不安呢！她一定要寻到他，踏遍西湖水，觅遍孤山石，也要找到他。

没有寻到子龙，柳如是失望而忧伤。临江酒楼钱、谢的谈话，像一条鞭影，晃动在她的心头，老是驱赶不去。为了不让汪氏夫妇为她担忧，她只得暂将此事深埋心头。忧思过度，她的两颊又升起了潮红。

其实陈子龙与柳如是的这段恋爱因为她的身份而有着先天的致命伤。陈子龙的母亲早已去世，然而他更有厉害的妻子张孺人。张孺人并非一个悍妇，她有文化，有才干，而且人品高尚。陈子龙的继母唐氏是填房，地位不太高，张孺人一嫁过来，陈子龙的祖母就以唐氏多病好静为借口，把家交给张孺人来管理。但张孺人丝毫没有看轻这位弱势的婆婆，始终善待她，她的四个小姑子都是张孺人张罗着嫁出去的。

不用说，张孺人就是陈家的主心骨，眼睛里揉不得沙子。丈夫在外面与妓女玩玩可以，但娶回家绝对不行。她没有生儿子，家里那位蔡姨娘也没有，为子嗣计，她不反对丈夫纳妾，但一定得是良家女子。陈子龙后来娶回沈姓小妾，就是她安排的。

从一开始，陈柳二人都意识到这个问题，若是一意孤行，经济道德上皆有压力，唯一的指望是陈子龙不久之后将赴京赶考，一旦榜上有名，或者可以略息张氏之怒，压张氏之势。然而，半年后，陈子龙从京城失意而归。

陈子龙回来时，柳如是却去了嘉定。有情人没有相聚，却暂时分别，这有些奇怪。或许是因为两人都没有想好如何解决两人之间的问题，所以柳如是暂时出游了。柳如是在嘉定直待到秋天。崇祯八年春，柳如是终于决定和陈子龙同居，房子是从朋友那儿借来的。以柳如是心思之深密，不会想不到男女之间一旦同居，满腔热情找到了一个落脚点，多半不会有心情朝婚姻进发了。但是，心高气傲的柳如是还是选择了这么一个尴尬的外室的身份。或许这正是柳如是异于寻常女子的地方。爱如潮水，无力抵挡自然是原因之一，更重要的是，她是个真正的明白人，小事听从理性，大事听从心灵。花开堪折直须折，莫待花无空摘枝。她希望在自己最美丽的时候，享受一次只动心不动脑筋的绽放。

然而，他们在一起仅仅度过了一个春天。这个时候，张孺人被推到了台前。她做了什么，资料上都语焉不详，总之，人们认为是她惊了这对鸳鸯。

这一年，柳如是结束了这段感情后，她给自己改了新名号，叫"蘼芜君"。名字源自诗句"上山采蘼芜，下山逢故夫"，有些负气，也透着沧桑之感。"如是"这个名字也是这个时候改的。"如是"应该源自《金刚经》，大凡《金刚经》都由"如是我闻"四字开首，她取名"如是"，字"我闻居士"，表明她悉心向佛，有皈依佛门之意。柳如是晚年，确有削发出家的念头，只是因为官场失意、屡遭打击的钱谦益苦苦挽留才没有出家。

第五章

忘年恋，爱深情更切

他们的爱情故事颇具争议，一个是朝廷大员，一个是江淮名妓，然而两人不顾家族的强烈反对，结为夫妇。他们的姻缘，不同于一般的儿女情长。

一首诗词，结识名妓

在烟波浩淼的钱塘江上，轻摇一叶扁舟。一个女子的生活总太艰难。这些年，柳如是如浮萍一样过着寄人篱下的生活。每当夜深人静，她的心里就充满了无法言说的惆怅。执着是为了什么？她不明了。

杨花还梦，春光谁主？晴空觅个颠狂处。尤云殢雨，有时候，贴天飞，只恐怕，捉它不住。

丝长风细，画楼前、艳阳里。天涯亦有影双双，总是缠绵，难得去。浑牵系。时时愁对迷离树。

她如杨花再次飘入春风中，空自梦鸳鸯，只有影双双，她自叹自吟诵……

垂杨小宛绣帘东，莺花残枝蝶趁风。

最是西冷寒食路，桃花得气美人中。

冬天，一个名叫钱谦益的江左才士偶然读到她写的这首诗，觉得清雅无比，有心想要结识这位闻名江湖的名妓。那时钱已经五十七岁，本高居礼部侍郎之职，因贿赂上司事发，丢了官，被迫返回原籍常熟。猝遭巨变，心境黯淡悲凉，一路逶迤南归。途经杭州时，顺便前往西湖上荡舟闲游，排遣愁怀，碰巧遇上她的朋友，于是结识。

他怜惜她的才华，同情她的遭遇，更欣赏她的勇气。见到她的时候，才发现她是那么活波可爱。这小巧的可人儿，身材纤细杨柳拂风一般，腹内竟藏着锦绣诗情，着实令人感叹！感叹声里凭添几分感伤。

明崇祯十三年冬，东林领袖、原朝廷礼部侍郎钱谦益削籍归乡已经两年。昔日门庭若市、往来迎赋的喧闹早已不在，如今削职而赋闲在家的钱谦益尤其冷清。

一个冬日午后，书房打盹的钱谦益忽听家人传报："有客人来访！"来访者拜帖上面写着："晚生柳儒士叩拜钱学士。""柳儒士？"是谁呢？也许是慕自己虚名而前来造访的无名晚辈吧。

来客虽然身材娇小，面貌娟秀，明眸生辉，鼻挺嘴秀，皮肤白嫩，但一身兰缎儒衫，青巾束发，一副典型的富家书生打扮。看着看着，钱谦益猛觉得有几分面熟，可搜索枯肠，始终想不起是在哪里见过。

来客看着钱谦益若有所思的神态，不禁露出一丝狡黠的笑意，似乎猜中了主人在想什么，他也不去打断，只是轻悠悠地吟出一首诗：

草衣家住断桥东，好句清如湖上风。

近日西泠夸柳隐，桃花得气美人中。

　　"真没想到啊！原来是柳姑娘光临寒舍，有失远迎，得罪！得罪！"名重一方的钱谦益这才记起这个女扮男装的柳姑娘就是当时苏州才女柳如是。说起柳如是与钱谦益的交情，那还是两年前的事。那是崇祯十一年初冬，供职京师的江左才士钱谦益，已五十七岁高龄，本已高居礼部侍郎之职（相当于现在的外交部长），眼看又要提升，却因贿赂上司之事被揭露，不但受了廷杖之责，而且免去了官职，被迫返回原籍常熟。意满志得的钱谦益猝遭巨变，心境黯淡悲凉，一路迤逦南归。途经杭州时，顺便前往西湖上荡舟闲游，排遣愁怀，夜晚便落脚在杭州名妓草衣道人家中。当时柳如是也客居杭州，是草衣道人的常客，那天正巧将一首游湖时即兴作的小诗搁在了草衣道人的客厅里。钱谦益无意中发现了这诗笺：

　　　　垂杨小宛绣帘东，莺花残枝蝶趁风。

　　　　最是西泠寒食路，桃花得气美人中。

　　好清丽别致的诗句！诗词大家钱谦益不由得啧啧称赞，善解人意的草衣道人看在眼中，她心领神会，凑过来道："明日何不请来柳姑娘一同游湖？"钱谦益当然求之不得。

　　第二天，一只画舫果然载着三个人悠悠荡荡于西子湖上。一见到柳如是，钱谦益立即生出一份怜爱之情，这姑娘长得娇小玲珑，一双大眼顾盼生姿，分外动人。姑娘腹内锦绣诗情，更令人感叹。柳如是性格开朗，虽与鼎鼎有名的钱谦益初次相见，却毫无拘束，谈诗论景，随心所欲，落落大方。这一切，使钱谦益暂时忘却了心中的抑郁，感觉自己也变得年轻了。一时兴起，竟一口气吟了十六首绝句，以表示对伊人的倾慕赞赏。此时柳如是吟来唤起他记忆的就是其中的一首。

今天，钱谦益万万没想到这姑娘还会跑到常熟来看他，女扮男装，又给了他一分额外惊喜。于是，寂静的"半野堂"中荡漾起一老一少一对忘年之交的笑声，他们一同踏雪赏梅、寒舟垂钓，相处得锦瑟和谐。为了感谢柳如是的相慰之情，钱谦益还在附近为柳如是特筑一楼，根据《金刚经》中"如是我闻"之句，将小楼命名为"我闻室"，以暗合柳如是的名字。并题诗抒怀：

197

清樽细雨不知愁，鹤引遥空凤下楼。

红烛恍如花月夜，绿窗还似木兰舟。

曲中杨柳齐舒眼，诗里芙蓉亦并头。

今夕梅魂共谁语？任他疏影蘸寒流。

钱谦益的一片深情，让柳如是感动不已。她是一个历尽坎坷的女子，成名后虽然也有千人万人捧着，可都是逢场作戏，绝少有人能付出真情。钱谦益虽近花甲，可那份浓浓情意比一般的公子王孙要纯真得多，也许是同样尝过生命的苦涩，才有这种深切的相知相识感吧。心怀感念，柳如是回赠了一首"春日我闻室作呈牧翁"的诗：

栽红晕碧泪漫漫，南国春来正薄寒。

此去柳花如梦里，向来烟月是愁端。

画堂消息何人晓，翠帐容颜独自看。

珍贵君家兰桂室，东风取次一凭栏。

　　桃红柳绿中，钱谦益带着柳如是徜徉山水间。湖上泛舟，月下对酌，诗词作伴，日子如神仙一般。其间，柳如是几次露出以身相许的之意，而钱谦益每次都在激动之后，悄悄避开这个话题。钱谦益有他的顾虑：一是两人年龄悬殊，柳如是二十四岁，整整比自己小了三十五岁；二是自己身为罪臣，前途无望，岂不耽搁了人家！因此，他迟迟不肯接纳她，心中却无时无刻不牵挂她。

　　这一年也是柳如是极不如意的一年，想自己家贫，四五岁被卖入徐佛家为养女，13岁得大学士周道登收养并纳为妾。后遭周的众妻妾妒之，诬与人通奸被逐，入章台。16岁与江南正义人士宋征舆、陈子龙相恋，未果。因天资聪慧，容貌俏丽，诗文丹青出色，颇负声名。多才多情的公子为数不少，可有几个能情有独钟？大都把自己作为章台柳，逢场作戏，想摘时只勘摘，哪里是自己的归宿？自己虽为章台柳，却憎恶卖笑生涯。这些年，柳如是爱恋过，但是，情场屡受挫折。16岁时她曾委身于松江举人陈子龙。陈公子也算才情横溢，热心教她诗词音律，使她获益不小，可偏偏又性情不合。陈子龙之所以不能与柳如是终成眷属，主要是他不能最终违抗其祖母和其妻子的旨意，经济上也不能独立，而柳如是心高气傲，不愿意做小妾寄人篱下，也是其中一个原因。终于闹得各奔东西，让她心伤欲绝。所幸，一次偶然机缘，在杭州名妓草衣道人家中与削职待罪回家的钱谦益相识。如果遇到钱谦益是偶然，而此次拜访则是自己有意所行，有欲所为。

如今遇到的钱谦益，才华自不用说，通情趣善体贴，虽说忘年之交，但这种举案齐眉、流连山水、水酒为伴，如闲云野鹤般的生活正式她所希翼期盼的。

一片痴情，恩爱绛云楼

面对柳如是的一片痴情，钱谦益无法再犹豫退缩，终于在这年夏天，正式将柳如是娶进了家门。

他俩的婚礼办得别出心裁，租了一只宽大华丽的芙蓉舫，在舫中摆下丰盛的酒宴，请来十几个好友，一同荡舟于松江波涛之中。舫上还有乐伎班子，在热闹悠扬的萧鼓声中，高冠博带的钱谦益与凤冠霞帔的柳如是拜了天地，又在朋友们的喝彩声中，回到酒席边，喝下了交杯酒。

新婚伊始，两人的感情十分相投，常常在一起研究学问，或者以诗词唱和，有时，还彼此开玩笑取乐。

一次，钱谦益的一个门生准备了丰厚的礼物，派了能干的仆人，远道而来给恩师递上一封信，信中列出了古书中几十个疑难问题，请求老师解答。钱谦益几乎不假思索地逐条解释了疑难，只是其中的"惜惜盐"三个字的出处，一时想不起来，不由得顿了一顿。柳如是在旁边见了，笑着说："你这位'太史公'，肚皮里的万卷书也有叫不够的时候呀？告诉你，这是出于古乐府诗。'惜惜盐'是歌行体的一种，'盐'应该读作'行'，想来是发音不标准造成了错误。"钱谦益听了柳如是的话，也笑了起来，说："我年纪大了，所以健忘。如果也像你这般年纪，还用得着你来帮我的忙吗？"

这对老夫少妻相携出游，名山秀水都留下了他们出游欢畅的身影。一次，柳如是问丈夫爱她什么，钱谦益道："我爱你白的面、黑的发啊！"接着，钱谦益又反问娇妻，柳如是娇嗔道："我爱你白的发、黑的面啊！"说完，两人嬉笑成一团。

后来，他们在西子湖畔修筑了一座五楹二层的"绛云楼"，画梁雕栋，富丽堂皇。夫妻安居其中，如胶似漆，日日欣赏朝霞夕雨。春花秋月，幸福的时光如诗一般汩汩地流淌。朝霞夕雨之中，钱谦益仿佛又回到了年少时代。

一池清水，几度思量

冰冻非一日之寒，积重难返的小朝廷已无回天之力，历史的车轮加速南明小朝廷的灭亡。1445 年的乙酉之变南明覆灭，清朝豫王多铎率大军南下。"山河破碎风飘絮，身世浮沉雨打萍。"面对家国破亡，柳如是劝钱谦益自杀殉国取义成仁，效仿屈原大夫自沉以明志，并誓言"你殉国，我殉夫。"

不久清军攻破了南都，中国成了满清的天下。钱谦益是旧朝遗臣，一方名士，不奉新朝便忠旧主，他面临着命运的选择。柳如是也内心悲愤，她劝钱谦益以死全节，表示忠贞。两人说好同投西湖自尽保节。

一个初夏的夜晚，钱谦益与柳如是两人自己驾了一叶扁舟漂进了西湖。这是一个圣洁而又肃穆的夏夜，月光朦胧而阴冷，柳如是一脸悲切而圣洁，而钱谦益悲伤而忐忑。苍凉而又宁静的月光流入船舱，一轮弯月挑挂梢头，注目着这里发生的一切。船上摆着几样菜肴和一壶酒，回忆俩人的相知相识，相恋相爱，相偎相依，柳如是斟好酒，端一杯给丈夫，自己举起一杯，缓缓说道："妾身得以与夫君相识相知，此生已足矣，今夜又得与君同死，死而无憾！"面对重情取义的红颜粉黛，钱谦益感染之余，以一股豪壮的气概举杯曰："不求同生，但求同死"。当如是携牧斋颤抖的手时，他在船上流连犹豫了许久，用手探了探水，说"冷极奈何！"抬头对柳如是说："今夜水凉，不如改日吧？""冷极何妨！""老夫体弱，不堪寒凉。"柳如是奋身跳入荷花池，以身殉而未遂。钱谦益推说水凉不肯再去投湖自尽，柳如是只好退让一步，说："隐居世外，不事清廷，也算对得起故朝了。"钱谦益表示赞同。

几天后，钱谦益从外面回来，柳如是发现他竟剃掉了额发，把脑后的头发梳成了辫子，这不是降清之举吗？柳如是非常气愤，钱谦益却抽着光光的脑门，解嘲道："这不也很舒服吗？"柳如是悲凉得到了极点。

其实，钱谦益不但剃了发，而且已经答应了清廷召他入京为官。柳如是百般劝说也无济于事。临行前夕，适逢中秋，柳如是与钱谦益泛舟西湖之上，一个是悲伤缠绵，一个是满怀喜悦，这一夜，两人与往常不一样，都闷饮酒，很少说话。柳如是看着眼前熟悉的湖光月色，吟了一首诗：

素瑟清樽迥不愁，柂楼云雾似妆楼。

夫君本志期安桨，贱妾宁辞学归舟。

烛下鸟笼看拂枕，凤前鹦鹉唤梳头。

可怜明月三五夜，度曲吹萧向碧流。

她想用柔情和宁静甜蜜的生活图景挽留丈夫，可钱谦益功名缠心，哪里收得回来？

　　钱谦益北上后，柳如是独自留在南京。她没有随夫北上可能还有一个原因，她对丈夫投降清朝不能原谅，自己留在江南，避免降清的尴尬。在江南期间，一次偶然机会，柳如是巧遇一位谈吐不凡的郑姓书生，想起来昔日投池而亡的陈子龙，再看看北上腼降的钱谦益，想起自己从掠卖、婢妾、误入章台，到现在，难道自己当初选择真错了吗？柳如是第一次对自己的选择产生了怀疑。

官场失意，重返绛云楼

　　钱谦益在清廷未受重用，失意之时，常有觅死想法。看着一头白发还在名利徘徊的夫君，柳如是失望地讥讽："公不死于乙酉国亡之时，而要死于今日，岂不是太晚了？"钱谦益到京城后混得并不理想，他心想宰相高位，最终只是得了个礼部侍郎的闲职，不免有些心灰意冷。而远在西湖畔独居的柳如是接二连三地写来书信，一面倾诉相思之苦，一面劝他急流勇退，回去与她同享纵情山水的隐居生活。后来他终于下了决心，辞官脱袍，回乡与柳如是过了田园牧歌生活。

他的学生们在城郊迎接，有人讽刺他说："老大人好久不见了，到底不觉老！"那时候，口语里"觉"与"阁"同音，"不阁老"的意思是没能当上内阁大臣。钱谦益听了这话，一声不吭。过了些日子，他对学生们说："我的衣衫领口学前朝 (明朝)，取它的宽松；袖子按现下的样子，为了方便。"有人听了开玩笑说："这可就算得'两朝领袖'了！"钱谦益在明朝没能登宰相位，投降清朝后仍旧不得为"阁老"，最终竟成为人们的笑料，真是可耻可悲。

钱谦益回到老家后，有无名氏在苏州虎丘的石头上刻了两首七律，讽刺钱谦益：

钱公出处好胸襟，山斗才名天下闻。

国破从新朝北阙，官高依旧老东林。

后来，柳如是生下了一个女儿，钱谦益喜不自胜。然而树欲静而风不止。不久，横祸飞来了。

江阴人黄毓琪是一位反清爱国志士。他在将要起义的时候，曾经派遣同乡人徐摩送信给钱谦益，向钱谦益借 5000 两银子，那信上盖着起义军的官印。钱谦益预料黄毓琪的起义一定失败，没有借给他钱，徐摩只得空着手回去。徐摩有个朋友江纯一，是徽州人，他以为徐摩回来时一定带着很多钱，自己如果向清朝政府告发钱谦益"通逆"一定能得到重赏，于是真那么做了。皇帝命令江南江西河南总督马国柱执行逮捕和审讯。1648 年 4 月，钱谦益被抓到江宁 (即南京) 受审。他可怜巴巴地向主审官请求开脱，说："我以前在内阁任职，受到皇帝陛下的很大恩遇，还来不及报答；况且我年纪都 70 岁了，气息奄奄，走路也要别人扶持，哪里还能生二心呢!"

最后，钱谦益总算免于一死，被释放了。而这个救了他性命的人，就是"乙酉五月之变"劝他自杀的柳如是。有人以为，柳如是为了救丈夫曾经北上燕京 (北京)，用重金贿赂当权者，钱数足有 30 万两，才使钱谦益免罪的。这种说法并不确实。因为当时的钱家经济情况很糟，根本不可能拿出那么多银子来。按照钱谦益的女儿的说法是："吾父归田之后，卖文为活；茕茕女子，蓄积几何!"钱谦益本人也说："生平有二债，一文债，一钱债。"又说："岁行尽矣，有两穷为苦。手穷欠钱债多，腹穷欠文债多。"

然而穷于钱财的柳如是却富有智能与文才。她是梁清远老母吴太夫人的好朋友，而梁清远又是马国柱的幕僚，还与清朝重臣洪承畴同为万历年间的乡试举人，很有私交。正是凭借着这一层关系，柳如是几经周旋，终于让钱谦益平安地回了家。

经历了 40 天牢狱之灾的钱谦益更加看破了尘世，对柳如是也更加敬重了。

钱氏家难，奇女香消玉殒

1664 年，钱谦益老死。就在这同一年，柳如是也去世了。她是自杀的，死得很惨。原来钱谦益死后，家族中当即爆发了抢夺遗产的纷争，这就是所谓的"钱氏家难"。钱家族人钱曾、钱谦光等人在恶霸豪绅钱朝鼎的指使下，向柳如是要田地、要钱财，甚至当面凌辱她，还扬言要把她的唯一女儿以及入赘女婿赵管赶出门去。柳如是在钱家 25 年，一直执掌大权，从来不曾受人之气，哪里经得住这些委屈呢！在进退无门，可痛可恨却无人可诉的情势下，她对那些前来敲诈勒索的钱家族人说："你们稍等片刻，我写好账单就来。"然后她带上纸、笔，独自登楼，紧闭房门，写完遗嘱，柳如是用三尺白绫，结束了自己风风雨雨的一生，她追随钱谦益去了。一代奇女，香消玉殒。

她感激他——他让她得到了飞翔的自由。半年后她以夫人之礼嫁给他，终于结束了半生飘零的生活。他为她建"我闻室"，搜尽了天下奇书。与朋友唱和，整理书籍，编纂《湖上草》《戊寅卓》，她成了"我闻室"名副其实的主人。

秋天落叶萧萧，风吹起一阵沙沙的声音，卷起飘落的黄叶，刚刚着地又被一阵风卷起，她倚楼静静地望着：这一生又何尝不像这秋天的落叶，多少次都在风中飘。她曾经苦苦地追求，执着地寻找着一份相知、相惜、相爱、相恋的感情，寻找着一份平等的爱情。曾经遇见了，爱过了，而有些事情不是那么简单，她一心爱着的人也会伤害她更深。她不甘心自己的命运被世俗摆布，一次次举起烈烈飘扬的大旗保护着自己尊严。虽然不论在困境中还是在受到伤害时，她依然豪放，自爱，不向命运屈头，却一次次被风浪卷上缥缈的天空。

对着落叶，泪满衣衫。为着飘零的命运，为着曾经心痛的爱情，为着一切爱过她，她也爱过的人……

在遗嘱里，她对后事做了妥当的安排，打发长子钱孙爱和女儿、女婿等上衙门告状申冤，并要女儿"事兄嫂，如事父母"。那帮逼死人命的钱家族人一看苗头不对，便仓皇逃窜，但最后都被逮捕治罪。

柳如是以她的死，实现了对封建统治的最后一战！

柳如是强烈的爱国民族气节感动着钱谦益，钱家族人举全家之资尽全体之力资助和慰劳抗清义军。钱谦益降清，本应为后世所诟病，但赖有柳如是的义行，而冲淡了人们对他的反感。在古代众多妓女中受到大师级严肃学者肯定和赞誉的只有柳如是一位。

王国维写诗赞曰：

幅巾道服自权奇，兄弟相呼竟不疑。

莫怪女儿太唐突，蓟门朝士几须眉？

背后的男人——钱谦益

初涉官海，生不逢时

钱谦益，字受之，号牧斋、东涧老人等，江南常熟（今江苏常熟）人。他的官场经历坎坷多难。用辩证唯物主义的观点看，这种遭遇完全归功于外因和内因两个方面。

就外因而言，他生活的年代属于乱事。出生时撞上了明朝的昏庸皇帝万历，壮年时碰到了天启、崇祯两个在内忧外患中煎熬的天子，晚年该享清福了，却赶上了改朝换代，他又偏偏长寿，在清朝的顺治、康熙两个皇帝手下郁闷了 20 年。就内因而言，他是极有天赋的文人，从生下来就带有满身的书生气，骨子里透着读书人的迂腐。然而他本人却秉持封侯拜相的远大理想，无时无刻不在想着位极人臣、光宗耀祖。通常文人有耐心搞学问，没耐心等明君，遇到投机的机会，就投身于党争政争，什么道德、骨气等都抛之脑后了。有理想，没道德；有雄心，没手段——这就是钱谦益的为人。

其实在人生的最初岁月里，钱谦益还是一路顺畅的。他出身于书香门第，家庭的熏染、自身的勤奋使他年纪轻轻就满腹经纶。在研究诗词的同时，他还研读兵书，常和人谈兵说剑。万历三十八年，钱谦益进京赶考，最终进士及第，被授予翰林院编修。踌躇满志的钱谦益进入翰林院后，心里憧憬着自己的大好前程，然而事实却远非他设想的那么简单。这个时候的明朝中央已经分化为东林党和宣昆齐楚浙诸党两大派系，双方趁着万历皇帝不管事的时机，不分对象地拉帮结伙，连太监、免职官员、江湖人士、地方土财主都参与其中。东林党由以顾宪成、高攀龙、钱一本等为首的江南士大夫组成，开始只是聚集在宋代杨时讲学的东林书院进行政治性讲学活动，"讲习之余，往往讽议朝政，裁量人物"。久而久之，东林书院产生了强大的社会影响力，"三吴士绅"、东南城市势力、某些地方实力派等一时云集门下，形成了影响晚明政局40多年的东林党。东林党与宣昆齐楚浙诸党为了找个事端，就挑中了万历皇帝接班人这一敏感问题，双方吵吵闹闹，终起祸事，这就是历史上有名的"国本之争"。钱谦益老家离顾宪成老家无锡不远，没当官时受到东林舆论的耳濡目染，早就树立了加入东林党的志向。如今已然官场中人，加入东林党自然是水到渠成的。

东林党虽然人气高、人品高、能力高，但是手段不高，遇事只会摆事实、讲道理，靠嗓门争高下。宣昆齐楚浙诸党原本也和他们一样，但架不住人多，而且跟万历是一伙的。在万历和宦官集团的支持下，经过王元翰案、淮抚李三才之争、辛亥京察、荆熊相争、李朴上言等几次交锋，东林党元气大伤。身为东林党成员的钱谦益自然也受到牵连，就在他进入翰林院的第二年，父亲病死，他回乡丁忧。按照以往的惯例，丁忧期三年，期满即可复职。然而，宣昆齐楚浙诸党成员存心找麻烦，钱谦益在家苦等了十年，才结束丁忧，返回阔别已久的北京。这一年是万历四十八年，即万历皇帝驾崩的那一年，钱谦益离开时还想着见万历一面，没想到回来时他已经成了先帝。新即位的泰昌皇帝很喜欢东林党，对钱谦益也十分欣赏，不料一个月不到，这位爷也成了先帝。好在继任的天启皇帝开始对东林党还算客气，第二年，钱谦益被任命为浙江乡试正考官，远赴江南负责监考。他原本想着兢兢业业办事，为国家选拔一批人才，在监考中严格把关。事后，他高高兴兴回京准备交差，然而东林党的死对头们却无中生有，捏造出所谓的"浙围舞弊案"，攻击他监考不严。一时口水如雨，钱谦益满肚子的学问却不能当雨衣穿，最后虽然查证他是被冤枉的，但还是被扣了三个月俸禄，心里十分委屈。一气之下，他说自己有病，辞官回家去了。

三年后，东林党终于暂时压制住宣昆齐楚浙诸党，杨涟、左光斗、赵南星相继受到重用，就连宰相叶向高也成了他们的政治盟友。东林党没有忘记钱谦益，一道诏令，让他回京担任詹事府少詹事兼侍读学士，受命参与编写《神宗实录》。詹事府是负责教太子读书的，任职者等于在和未来的皇帝打交道。钱谦益得意了，这是何等的荣誉呀，命运之神在向他拼命地微笑。钱谦益高兴地上任了，日子过得挺滋润。但他不知道时事的变化，仅仅过了一年，魏忠贤一伙就打败东林党，杨涟等人凄惨地死于监狱之中。魏忠贤把钱谦益列入《东林党人同志录》，指控他为"东林党魁"。钱谦益就此被弹劾回家，再次脱离了官场。

重返京城，性情大变

回到常州的钱谦益，反复检视自己这十几年的官途经历。开始他想不明白，自己廉洁奉公，忠心侍国，为什么却被命运一次次地嘲弄，难道自己心存国家错了吗？他想呀想，翻遍了满屋子的孔孟圣经，但是找不到答案。于是他把目光投向了眼前，投向了正作威作福的魏忠贤——原来如此，曾经的宣昆齐楚浙诸党也曾经和自己一样立志做谦谦君子，凭一身正气位极人臣。现在他们位极人臣了，却不是靠一身正气，而是自甘堕落，投效魏忠贤这样的阉党，还恬不知耻地以其儿子、孙子自居。反观自己的同志，杨涟、左光斗他们丢了性命不算，还被扣上一身罪名。

崇祯元年，魏忠贤一党被灭，东林党再次得到发展的机会。钱谦益升任礼部侍郎，回到了京城。崇祯在打击阉党的同时，朝中留下了很多空缺。国家需要振兴，怎么能够缺人呢？崇祯下令在全国官员中公开招聘宰相。听到这个消息，钱谦益兴奋了，当时的东林党活下来的人中，资历和名望最高的就数自己，何况魏忠贤当年还亲自指责他为"东林党魁"。钱谦益马上开始四处活动。然而钱谦益一辈子始终不缺绊脚石，走了魏忠贤，还有同属礼部的尚书温体仁和侍郎周延儒。他们原本想和钱谦益公平竞争，但钱谦益不择手段，指示徒弟瞿式耜到处贿赂，硬是把他们比了下去。这两人失败后，联手一致对外，给得意的钱谦益安上了"盖世神奸"的绰号。崇祯对奸臣极为敏感，生怕重蹈哥哥天启的老路，于是下诏将钱谦益革职，撵回老家。温体仁和周延儒则高高兴兴一起进入内阁。他们怕钱谦益东山再起，于是就唆使他人诬告，害得钱谦益于崇祯十年被打入刑部大狱，差点被治罪。钱谦益费了九牛二虎之力，四处求人，才被放了出来。

经过这次打击，钱谦益在崇祯一朝几乎未受重用。之所以用"几乎"这个词，是因为在崇祯17年间一连换了50个宰相后，国家非但未能好转，反而越来越差。病急乱投医的皇帝想起了钱谦益，决定起用他。但是下圣旨的使臣没跑过李自成的大军，使臣还没见到钱谦益，北京城就已被攻破，崇祯皇帝在煤山上吊自杀，明朝灭亡。

投效南明，甘做人犬

明朝灭亡了，但是明朝皇家在江南还有一多半资产。作为明朝的第二首都，南京拥有一套完整的中央机构，安置了一些不得志的官员。钱谦益和一干大臣集中到南京，准备拥立一位朱元璋的后代登基称帝，重建明朝。当时崇祯的三个儿子全都没能跑出北京，能挑选的也只有藩王了。崇祯之前的天启无子，再往前就只能找万历皇帝的直系子孙了，可供选择的有福王、桂王、惠王和瑞王。后三个远在西南，路途遥远，最近的只有跑到淮安的福王朱由崧。但是以钱谦益为首的东林党当年在国本之争中反对前任福王朱常洵立储，害怕他的儿子日后报复，所以倾向于拥立同样避祸淮安的潞王朱常淓。

打定主意，钱谦益派人前去对潞王致以诚挚的慰问，然后邀请他马上到南京就任南明王朝皇帝。潞王正要说声谢谢，来人又笑眯眯地说："不过在这之前您要先拿出15万两白银。"潞王蒙了，他没有那么多钱，买卖告吹。从这件事可以看出钱谦益作为文人的迂腐和短视，潞王一路南逃，能捡到小命已经万幸，谁还有空提着银子跑。潞王如果即位成功，钱谦益和东林党作为拥立功臣，高官厚禄自然不会少，到时别说15万两，就是30万两也不成问题。这件事只能说明经过几十年的宦海沉浮，钱谦益仍是个末流的政治家。

钱谦益在这边和潞王扯皮，另一边的凤阳总督马士英则展开行动，纠集大批军阀拥立福王成功。崇祯十七年，福王在南京登基称帝，年号弘光。钱谦益见风使舵，恬不知耻地阿谀奉承。奉承得确实不错，马士英一高兴，封了他一个礼部尚书兼翰林院学士加太子太保。这也就算了，不料他还大力推荐魏忠贤当年的干儿子阮大铖。要知道，东林党当初为了遏制魏忠贤付出了多少骨干的性命，而如今他这个东林党领袖居然做出这样的丑事，这不仅是对死去的同志的背叛，也是对他本人做人底线的彻底突破。

宦海起伏多年，虽然终成宰相，但却以否定自己四分之三的人生为代价，人，原来可以无耻成这样！

投降清朝，晚节尚保

南明政权从诞生的一刻起，就内讧不断，腐败如前，彻底继承了晚明的一切恶习。在清朝的全力打击下，弘光皇帝在位不满两年就成为阶下囚，身首异处。南京城破之日，钱谦益的夫人柳如是劝他自杀殉国，"以副盛名"。年逾六旬的他也许真的老了，碰了碰湖水觉得太凉，不敢跳进去。不敢好死，就要赖活着，他以之前奉承阮大铖那样的暧昧心态，向清朝举起双手，献上了自己的忠诚。在这一点上，马士英反倒是表现得很像个男子汉，一路外逃，就是不投降，直至被杀。

史可法死了，马士英死了，活下来的人论辈分和资历，数得上的就是钱谦益了。清政府看中了这一点，于顺治三年正月下诏封他为礼部侍郎管秘书院事，并兼修《明史》。在清朝中央供职的时间里，钱谦益目睹了满人的嗜杀本性和无数汉人志士的宁死不降，再加上别人对他绵绵不断的羞辱和耻笑，使他内心所剩不多的良心开始觉悟。当年六月，他就称病回家，秘密投身于反清复明的洪流之中。譬如顺治三年冬，好友黄毓祺反清起事，急需钱粮，希望他能慷慨解囊。钱谦益二话没说，马上照办。不料事情败露，钱谦益被捕入狱。出狱后，他"贼心不死"，又从顺治七年起，多次冒险赶赴金华，策反总兵马进宝。此间，他多次入狱，但始终不改其志。在行动之外，他还用自己的笔鞭挞满人，咒骂其为"奴""虏""杂种"等，大力颂扬抗清志士的英勇事迹，与之前那个贪生怕死的钱谦益判若两人。

这种现象看上去很难理解，其实总结出来就两个字——本性。就如同钱谦益当年背叛东林党、背叛自己的信仰一样，他始终追求的无非心灵上的一种安慰和平衡。当初，他一身正气投入官场为的是实现人生理想，居相位成就一番兴国安邦的事业。为此，他苦苦等了30多年，最后一刻，他为了给自己的人生一个交代，所以抛弃了做人的底线，投靠奸党。但钱谦益骨子里是个文人，血液中时刻流淌着文人的名节和清高。当他做过宰相，满足了虚荣心之后，他的良心开始极度空虚。同乡的指责、世人的鄙夷，他无法做到充耳不闻。因此，晚年的他明知有杀头的风险，依然奋力抗争，不仅多少安慰了自己的良心，也赢得了吕留良、黄宗羲等人的原谅，赢得了历史的原谅。

公元 1664 年，钱谦益病死家乡，身后留下《初学集》《有学集》等多部著作，被黄宗羲、顾炎武等尊为"文章宗主"。说到底，他最在行的还是做学问。

后 记

历史塑造出代代相传的绝代佳人，可对她们的生平事迹却又不屑一顾。除了那些跻身政坛的皇后嫔妃在史传中占了一点篇幅，且是惜墨如金，更多的美女佳人都只是在笔记、野史、小说、传奇、民间故事中才能搜罗出一点点传闻轶事，有的已变得面目全非。

传统的历史给了男人更多的关照，却少了对女人的关注和荣耀，她们是中国历史绕不开的死结。"红颜才女"系列图书共 10 本，从另一个视角展示了这些女性的美丽、欲望、才情和智慧等，并作了客观的评价。书中呈现了卓文君、班昭、蔡文姬、谢道韫、薛涛、鱼玄机、李清照、朱淑真、柳如是、顾太清 10 位女中豪杰的风采，她们离奇跌宕的身世和不可复制的命运，无不是一个时代与历史的精彩缩影。

西汉卓文君天生丽质，容貌姣好，自幼聪明伶俐，博闻雅识，诗歌词赋，无一不精，更兼擅长音律，琴技无双。然而，这朵娇艳欲滴的鲜花，却遭到狂风暴雨的摧残：父亲为了攀附权贵，将她嫁与李家公子。

丈夫体弱多病，撒手西去，文君只得独守空房。李府内妻妾争风吃醋，丑态百出，文君发现身边有一双邪淫的眼睛……才华横溢而又穷困潦倒的司马相如与卓文君一见倾心，双双坠入爱河。琴声相约，雪夜私奔，文君冲破世俗观念，抛却锦衣玉食的生活，毅然扑入爱人怀抱，贫寒的生活随之压向她柔弱的肩头。他日司马相如平步青云，飞黄腾达，沉溺于声色犬马之中，心生纳妾之意。卓文君悲痛欲绝的眼泪化作哀婉动人的诗句，相如读罢如当头棒喝，羞愧中找回从前的自我，二人始得生死相依，百年好合。

东汉班昭出身儒学世家，父亲班彪是远近闻名的学者，长兄班固著《汉书》，未竟而卒，次兄班超，为汉代著名外交家。在父兄的影响熏陶下，班昭学问广博，很有才干。十四岁时，班昭嫁于同郡人曹世叔。丈夫早年去世后，班昭清守妇规，举止合乎礼仪，气节品行非常好。班昭晚年，身患疾病，家中女子们又正当出嫁的年龄，班昭担心她们不懂妇女礼仪，令未来的夫家失面子，辱没了宗族，于闲暇时作《女诫》七章，以做勉励，书成后，对宫内妇女的教育很有帮助。班昭还继承长兄班固的事业，续写《汉书》。

东汉末年的蔡文姬是天生才女，通音律，善辞赋。命运苦难，她从繁华坠入风霜，宿命轮回，她遭遇爱与生命的流离。各色岁月一一尝遍，她终是无悔此生。她用一生风雨打磨饱满的灵魂，诉说着千古幽思。孤芳续汉史，血泪写春秋。《悲愤诗》与《胡笳十八拍》再现了蔡文姬凄楚的生活经历与悲愤的思想感情，一代代流传下来，成为千古绝唱。

东晋才女谢道韫留下来的事迹不多，其中最著名的故事，记载在《世说新语》中：谢安在一个雪天和子侄们讨论可用何物比喻飞雪。谢安的侄子谢朗说"撒盐空中差可拟"，谢道韫则说"未若柳絮因风起"，因其比喻精妙而受到众人的称许。也因为这个著名的故事，她与汉代的班昭、蔡文姬等人成为中国古代才女的代表人物，而"咏絮之才"也成为后来人称许有文才的女性的常用词语，这段事迹亦为《三字经》"蔡文姬，能辨琴。谢道韫，能咏吟"所提及。在孙恩之乱时，丈夫王凝之为会稽内史，但守备不力，逃出被抓被杀，谢道韫听闻敌至，举措自若，拿刀出门杀敌数人才被抓。孙恩因感其节义，故赦免道韫及其族人。王凝之死后，谢道韫在会稽独居，终生未改嫁。

薛涛是古代十大才女之一，唐代首屈可指的女诗人，历史上的才女不少，但没有哪一个能像薛涛那样才艺双绝，具有多方面的才能，尤其在人生经验和政治素质上的历练无人可比。薛涛和很多在历史上留下名字的女子一样，有着清丽的容貌，虽然不幸坠入风尘，她的心灵却生长着一双自由的翅膀，以天性敏感和细腻，委婉地书写着温润的内心世界，细致入微地发掘个体生命体验，用哀怨的泪水勇敢地控诉时代的不公。身处庞大而炫目的诗歌唐朝，在那些光焰万丈的文学繁星中，她灼灼地发出自己的光芒，注定成为一个不容忽视的存在。

晚唐的女诗人当中，以鱼玄机最为知名，也最为传奇，色既倾国，思乃入神，又被誉为"才媛中之诗圣"。这样一位才貌双全的风流佳人，却时运不济，命途多舛，牵连进包括笞杀婢女绿翘在内的多宗谋杀案，最终以悲惨的结局收场。

宋代李清照的人与文，是一致的清丽，一样地充满光的气味，她是绝品的女子。生命被把持得清洁自如。纵然有曲折、有挫折、有跌宕、有不可预知的舛错，但她携着内心清正的道一点一点化解，从不拖沓。

南宋女诗人朱淑真是唐宋以来留存作品最丰盛的女作家之一。她生于仕宦之家，饱读诗书，精通音律，尤擅诗词，后人称之为"闺中之秀，女流之杰者"，为南宋多情才女和美女，与李清照齐名，但却婚姻不幸，遇人不淑，与丈夫志趣不合，夫妻不和睦，情绪时时抑郁苦闷而又无可奈何，她只有寄情于诗，移情于物来排遣爱情生活带来的"颦眉"，最终因抑郁早逝。传朱淑真过世后，父母将其生前文稿付之一炬，现存《断肠诗集》、《断肠词》传世，是劫后余篇。

明末柳如是是秦淮八艳之一，琴棋书画样样精通。她二十四岁遇见钱谦益，他们以诗文为媒，惺惺相惜而走到了一起。面对改朝换代，柳如是与钱谦益两人由于认识上的不同，陷入了巨大的分歧之中，感情出现裂痕：一个远去北京做了清廷的官员，一个南下追寻抗清的南明军队。当一切繁华落尽，两人再度破镜重圆，在红豆山庄过起了平淡而恬静的田园生活，钱谦益死后，钱氏族人意欲争夺钱家家产，柳如是为了保全后代与钱氏家族的财产，用三尺白绫自缢而死。

顾太清是清代著名女词人。著作小说《红楼梦影》，成为中国小说史上第一位女性小说家，其文采见识非同凡响。顾太清多才多艺，且一生写作不辍，她的文学创作涉及诗、词、小说、绘画，尤以词名重士林。她做诗词全凭才气，不摆"唐模宋轨"的架子，倒也潇洒自如，平添一种风流态度。

女性用自己的经历创造历史，但在由男性书写的历史上，她们的存在史、她们的挣扎与奋斗，她们的快乐与痛苦都被压抑在黑暗之中，所以她们的人生经历更值得一读，透过它，人们可以从另一个角度重读历史。

为了增加图书的可读性和趣味性，本书在编写过程中参考了古今大量史料和札记轶闻，也参阅了今人研究者和历史爱好者的相关著作和文字，特对此隆重致谢。凡所参考文字大部分已得到作者同意并付与相应稿酬，但也有部分文字无法联系到原作者，若在阅读过程中发现贵文，烦请联络我处获得稿酬。

联系方式：1798789501@qq.com

后 记